anticelulitis

DISCARDED

Florence Rémy

MARABOUT

índice

1 >>> 20 CONSEJOS

FEB 0 1 2010

introducción

una buena oportunidad para volver a ocuparse de usted misma

Celulitis: ¿una fatalidad?

Nódulos, piel de naranja... dos expresiones bastante gráficas que designan una realidad desagradable. Fenómeno típicamente femenino que favorece el sistema hormonal, la celulitis afecta a 95% de las mujeres, delgadas o regordetas. La piel de las caderas o de los muslos es hermosa y lisa, tersa, sin defectos. Basta que un día descubramos irregularidades por aquí y por allá, para que aparezca la palabra temida. La celulitis forma parte de nuestras obsesiones. La vivimos como un golpe a nuestra seducción, a nuestro sex-appeal, a nuestra belleza.

Piel de naranja, ¿quién eres?

Los especialistas denominan el fenómeno con el extraño término hidrolipodistrofia. De manera más clara, se trata de una acumulación de agua, grasas y toxinas que se incrusta justo debajo de la piel, en alvéolos que la aprisionan. Una de las características de la celulitis es la hipertrofia del tejido adiposo. Éste se compone de un conjunto de células (adipocitos) que desempeña un doble papel: el almacenamiento (lipogénesis) y la eliminación (lipólisis) de las grasas; si hay algún desequilibrio (almacenamiento que se acelera, eliminación que se desacelera), los adipocitos acumulan grasas y se hipertrofian (¡hasta multiplicar su tamaño por cien!). Entonces las células grasas generan una compresión de los vasos sanguíneos y linfáticos cuya actividad, al verse obstaculizada, se retrasa. La celulitis puede ser difusa y diseminarse en toda la parte inferior del cuerpo, o localizarse (rodillas, "chaparreras"). Aparecen así nódulos en la superficie de la piel: es la "piel de naranja".

Causas múltiples

La combinación de diferentes factores favorece la aparición de la celulitis:

• **El sexo:** Adán y Eva no son iguales frente a la celulitis; ésta "nos" adora a nosotras, las mujeres, y este amor a veces se da desde muy temprano. La distribución del tejido adiposo se define efectivamente en la pubertad. Programado para dar vida y amamantar incluso en periodos de hambruna, el cuerpo femenino es más rico en adipocitos que el del hombre: 23% de su peso se compone de grasas contra 10 a 15% en el hombre. En la mujer, la grasa se reparte de preferencia en los glúteos, las caderas, los muslos y el vientre (localización de tipo ginecoide); en el hombre aparece más arriba (tipo androide) y más tardíamente.

• **La herencia genética:** aun cuando la aparición de la odiosa celulitis tiene siempre factores múltiples que la desencadenan, existen predisposiciones genéticas a la obesidad y a la celulitis.

• **Una mala circulación:** las piernas inflamadas, llenas de cardenales y venillas indican una insuficiencia circulatoria; ésta favorece la aparición de nódulos (en muchos casos de celulitis, se observa una microcirculación insuficiente).

• **Las hormonas:** las hormonas, sobre todo los estrógenos, ejercen una acción directa sobre el tejido adiposo. En la adolescencia, su secreción se hace todavía de manera anárquica, lo que favorece la fabricación de grasas. Durante el embarazo y la lactancia, el tejido adiposo cambia. Por último, en la menopausia, los trastornos hormonales favorecen el desarrollo adiposo de tipo androide.

• **Las dietas repetidas:** un peso estable permite controlar el desarrollo de la celulitis; por el contrario, las dietas para adelgazar invariablemente seguidas de otro aumento de peso (efecto de yoyo) incitan al cuerpo a almacenar las grasas en previsión de los periodos de carencia.

• **La falta de ejercicio:** las horas que se pasan frente a la pantalla de la computadora, así como los días enteros sin caminar ni oxigenarse retrasan los intercambios y la celulitis aparece tranquilamente, pero con toda seguridad.

• **El estrés:** hoy en día está médicamente probado que al intervenir sobre el cortisol y las catecolaminas, el estrés favorece el almacenamiento de grasas.

• **El tabaco:** el cigarro agrava los problemas de circulación sanguínea relacionados con la aparición de acumulaciones celulíticas en los tejidos.

Operación anticelulitis

¿Su celulitis la deprime? Reaccione. Sepa que se está metiendo con una rebelde; la celulitis es muy tenaz, y no desaparece espontáneamente. Para acorralarla, hay que jugarse el todo por el todo coordinando una alimentación balanceada, masajes, cremas adelgazantes, plantas que drenen y antigrasas; también es bueno retomar una actividad física y confiar sus nódulos en manos competentes: al ser dinamizados, sus músculos combatirán los pliegues de grasa ("llantas") y la flacidez cutánea. La aventura amenaza con ser larga; si bien se puede vencer la celulitis, ésta no se borra en unos cuantos días con dos dedos de crema. Sin embargo, al término de su "operación anticelulitis", usted tendrá todas las posibilidades de recuperar no sólo una piel lisa y una silueta esbelta, sino también una espalda derecha, un vientre plano y unos pulmones de campeona. ¿Y si la celulitis no existiera más que para incitar a las mujeres a que vuelvan a ocuparse de sí mismas? Bajo la forma de piel de naranja…

¿cómo utilizar este libro?

Este libro propone un programa a la medida de sus necesidades que le permitirá enfrentar el problema que le afecta. Consta de cuatro etapas:

• **Un test preliminar** le ayudará a analizar la situación.
• **Los primeros 20 consejos** tienen como objetivo ayudarla a relativizar su problema y a adoptar nuevos hábitos de vida.
• **20 consejos un poco más precisos** le permitirán descubrir cuáles son las nuevas respuestas que la cosmetología moderna le ofrece y cómo sacarles el mejor partido posible.
• **Los últimos 20 consejos** describen el estado actual de todas las terapias disponibles para ayudar a las mujeres a recuperar una mejor imagen de sí mismas.
Al final de cada segmento de consejos, la invitamos a hacer un pequeño balance que le permitirá delimitar mejor sus problemas específicos.

Puede seguir rigurosamente este recorrido guiado, poniendo en práctica los consejos uno tras otro. También puede tomar de aquí y de allá las recomendaciones que considere más adecuadas para su caso en particular. Finalmente, puede seguir las instrucciones en función de su situación, ya sea como simple prevención o para tratar un problema manifiesto.

● ● ● ● A MANERA DE GUÍA

> **Los pictogramas al pie de la página le ayudarán a identificar todas las soluciones naturales que están a su disposición :**

Fitoterapia, aromaterapia, homeopatía, flores de Bach: respuestas de la medicina alternativa para cada situación.

Ejercicios sencillos para prevenir los problemas fortaleciendo su cuerpo.

Masajes y técnicas al servicio de su bienestar.

Todas las claves para descubrir soluciones a través de la alimentación.

Consejos prácticos que podrá adoptar diariamente para prevenir antes que curar.

Psicología, relajación, zen: consejos para hacer las paces consigo mismo y encontrar la serenidad.

> **Un programa completo para resolver todos sus problemas de salud.**
¡Ahora le toca a usted!

revise sus nódulos de celulitis

Existen diferentes tipos de celulitis, entre ellos:

- la celulitis acuosa (retención de agua);
- la celulitis adiposa (a menudo acompañada de sobrepeso);
- la celulitis fibrosa (o crónica).

Para determinar la naturaleza de la suya, lea las siguientes afirmaciones y señale **A** si estima que le concierne poco o nada, **B** si piensa que le concierne de manera parcial, y **C** si se identifica perfectamente.

A	B	C	
A	B	C	Delgada, pero de tobillos y piernas gruesas.
A	B	C	Regordeta con celulitis en el vientre.
A	B	C	Un síndrome premenstrual que la hace hincharse "de abajo".
A	B	C	Rodillas y muslos con piel de naranja.
A	B	C	Caderas invadidas pero indoloras cuando las pellizca.
A	B	C	Cinco kilos de más, golosa y perezosa.

A	B	C	
A	B	C	Nódulos violáceos y dolorosos cuando los pellizca.
A	B	C	Piernas gruesas hacia los 13 años y después de un embarazo.
A	B	C	Ninguna práctica deportiva y "chaparreras" en aumento.
A	B	C	En realidad no está gorda pero a menudo está hinchada.
A	B	C	Celulitis dura al tacto, y "grasa".

Si obtuvo una mayoría de respuestas **A**, su celulitis es más bien del tipo acuoso: lea los consejos **1** a **20**.

Si obtuvo una mayoría de respuestas **B**, su celulitis es sin duda adiposa: vea los consejos **21** a **40**.

Si totaliza una mayoría de respuestas **C**, su celulitis sería del tipo fibroso y crónico: corra a los consejos **41** a **60**.

» Tiene dudas. Su cuerpo y su piel ya no le parecen tan lisos como antes. Por todas partes nota una hinchazón. La línea y su textura se ven diferentes.

»» Analice la situación. En primer lugar, pésese: ¿ha subido dos kilos? Quizá el motivo sólo sea un desequilibrio hormonal o un sobrepeso pasajero del que hay que encontrar las causas.

»»» ¿No ha engordado, pero su silueta ya no es la misma de antes? En vez de deprimirse, dígase que 95% de las mujeres se ven afectadas algún día por la celulitis. Pero nada la obliga a sufrirla sin hacer nada.

20
CONSEJOS

¿Un poco de celulitis, mucha o... de más?

Un examen concienzudo aclarará la extensión de los daños. Examínese zona tras zona, desnuda, bajo una luz intensa.

01

acorrale sus nódulos

Inspección con todo detalle

Coloque una de sus piernas en el borde de la bañera y obsérvela al elevarla. ¿No está un poco grueso el tobillo? Si oprime la piel, ¿dejan sus dedos una huella visible? A lo largo de la pierna, ¿pueden distinguirse algunas microvenillas? ¿La rodilla está delgada o hinchada? Cuando está de pie, ¿el interior del muslo se ve liso o irregular? Una vez examinadas las piernas, pase al vientre, a las caderas y a los

● ● ● PARA SABER MÁS

> La celulitis acuosa (o incrustada) es la más común. Es suave al tacto, y está asociada a una retención de agua (edemas de los tobillos, piernas pesadas, varicosidades, circulaciones sanguínea y linfática débiles).

> La celulitis adiposa, blanda e indolora cuando la pellizca, se localiza en el vientre, las caderas, los muslos, la parte interna de las rodillas. A menudo se acompaña de sobrepeso.

glúteos. Pellizque la piel para detectar las zonas gruesas (el nódulo a veces es invisible y sólo se revela al presionar).

¿En qué fase se encuentra usted?

• **Fase 1.** El pellizco revela un nódulo por aquí y por allá, pero a simple vista no se ve nada. No espere, reaccione rápidamente: usted puede obtener resultados en algunas semanas.

• **Fase 2.** Cuando está acostada la piel es lisa, pero en posición vertical se ve irregular, y además usted ha engordado. Puede mejorar la línea y el aspecto de su epidermis... usted decide.

• **Fase 3.** Cuando está de pie, pero también acostada, su piel hace ondulaciones, y la báscula la mira con ojos terribles. Todavía es tiempo de arreglar las cosas, con un poco de tenacidad y, si es necesario, buscando ayuda.

> **La celulitis crónica (nódulos presentes desde hace 5 o más años) es dura, sensible, incluso es claramente dolorosa cuando la pellizca; afecta los muslos y las rodillas. Las fibras cutáneas (elastina y colágeno) están alteradas.**

EN POCAS PALABRAS

* Que no cunda el pánico, obsérvese y trate de determinar su fase celulítica.

* La opinión de un dermatólogo, de un médico o de un cirujano plástico bien elegido es valiosísima.

13

Heredó su sonrisa, su encanto, algunos de sus talentos, pero también algunas predisposiciones biológicas. "De tal palo tal astilla", dice el refrán. Efectivamente, la celulitis es una herencia familiar.

02

pregunte a su madre

Una herencia ineludible

Pasaron muchos años antes de darse cuenta de la importancia de la herencia. Hoy en día, nuestros accidentes y enfermedades están registrados en un historial, y es claro que nuestros nietos sabrán cuáles son las patologías familiares que los acechan, e incluso en qué periodo de su vida amenazan con aparecer. Las generaciones actuales carecen un poco de referencias; no siempre

● ● ● PARA SABER MÁS ─────────

> La genética es el estudio de los caracteres hereditarios y del mecanismo de su transmisión. Se habla también de herencia familiar.

> No confunda la celulitis con el tejido adiposo: la celulitis es el aumento de espesor en la hipodermis asociado a un ensanchamiento variable de la dermis. Se puede, en una familia, ser gordo y sin celulitis.

saben qué problemas de salud aquejaron a sus bisabuelos. Pero el álbum de familia la puede orientar. ¿Cuál era el perfil físico de sus abuelas cuando tenían la misma edad que usted? Las fotos de verano, en las que una sale con poca ropa, a veces son edificantes. Pues el factor genético desempeña un papel nada desdeñable tanto en la aparición de la celulitis, como en la propensión al sobrepeso.

Los antecedentes médicos

"Como la celulitis está relacionada con problemas circulatorios, hormonales, o ambos, considero útil interrogar a mis pacientes sobre sus antecedentes en la primera consulta", explica la doctora Catherine Laverdet, dermatóloga. Cada una de nosotras puede, antes de la consulta, hacer un pequeño trabajo de investiga-

ción personal. Al ser interrogada, su madre quizá recuerde que desde la pubertad ha tenido los tobillos un poco gruesos. Que su suegra tenía várices en las piernas... Converse, así aprenderá más: por ejemplo, desde siempre, las alcachofas la hacen hincharse, mientras que el diente de león la ayuda a desinflamarse. ¿Y a usted por qué no?

 EN POCAS PALABRAS

* En caso de predisposición a la celulitis, se aconseja en especial el ejercicio físico.

* Ser hija de una madre celulítica no significa estar condenada a convertirse en una también.

03

escuche a sus hormonas

Desde la pubertad hasta la menopausia, las mujeres viven bajo la influencia de sus hormonas sexuales. Los estrógenos desempeñan un papel en la aparición de la celulitis. ¿Cómo evitar los "nódulos celulíticos hormonales"?

Una especialidad femenina

Las células grasas femeninas (adipocitos) están equipadas con receptores que dependen de las hormonas. "Se sabe, explica la doctora Michèle Lachowsky, ginecóloga, que los estrógenos endógenos (producidos naturalmente por el cuerpo), así como los de la píldora (exógenos) favorecen la formación de 'bolas' celulíticas. En las diferentes fases de la actividad hormonal femenina (incluso

●●● PARA SABER MÁS ——————————

> Nuestras células grasas (adipocitos) tienen receptores que dependen de las hormonas. Hay dos periodos que se tienen que vigilar, la pubertad y el embarazo (en los cuales los picos de estrógeno favorecen la hinchazón).

> En la menopausia, el metabolismo basal se ve disminuido; sin ejercicio físico regular, los gastos energéticos se reducen, por lo que el cuerpo tiende a hacerse pesado.

durante el síndrome premenstrual), puede producirse una hinchazón de los tejidos provocada por una retención de agua, lo que favorece la aparición o agravamiento de los nódulos."

Píldora, embarazo y menopausia

El mal uso de la píldora puede favorecer también la celulitis. Las píldoras actuales están microdosificadas (una de las más recientes incluso combate la retención de agua), pero es importante ir al médico con regularidad. Los embarazos a menudo provocan celulitis; en efecto, después del parto, el cuerpo conserva los adipocitos almacenados durante el embarazo. Una actividad física regular, la relajación y una dieta ligera acaban con eso. En la menopausia, la terapia de reemplazo hormonal (TRH) tal vez tenga efectos negativos en la línea (efecto de piernas pesadas). Bien dosificada, puede limitar el aumento de peso.

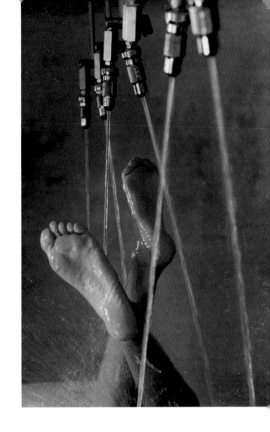

> Una mujer bajo TRH puede subir un poco de peso; pero sin tratamiento, corre el riesgo de subir más, y a la manera de los hombres ("llantas" de grasa), acumular grasa con riesgos desde el punto de vista cardiovascular.

 EN POCAS PALABRAS

* Las celulitis de la pubertad o del embarazo son las más fáciles de tratar.

* En caso de que suba de peso o se hinche, consulte a su ginecólogo.

04

diga "no" a las dietas estrictas

Cuando las mujeres descubren celulitis en sus muslos, hasta las más delgadas deciden matarse de hambre. Ahora bien, hoy en día está probado que la huelga de hambre no lleva a nada, más que a mimar a sus nódulos de celulitis.

El fin del hambre voraz

Si tomamos en cuenta los sondeos, 96% de las mujeres soñaría con bajar de peso. Al confrontarnos con las esqueléticas modelos, estamos dispuestas a sufrir cualquier cosa con tal de recuperar una silueta armoniosa. Sin embargo, aquellos que conocen bien el problema denuncian las restricciones drásticas por ineficaces (y peligrosas). Por añadidura, así como para dejar de fumar, para adelga-

●●● PARA SABER MÁS

> Los aportes en proteínas son insuficientes en la mayor parte de las mujeres. Es indispensable alimentar sus músculos (masa magra) consumiendo suficientes proteínas (huevo, carne de res, pescado). La carne contiene hierro, del que a menudo carecen las mujeres.

> Interesante: la yema de huevo es más calórica que la clara (70 calorías contra 14).
> Bajar algunos kilos de manera progresiva tiene una ventaja: se acotan mejor las zonas en las que ha aparecido la celulitis.

zar hay que elegir el momento indicado. Cuerpo y mente son indisociables. "No olvidemos nunca hasta qué punto tienen peso nuestras emociones", resalta Michèle Freud, psicoterapeuta. Cuando comer es la respuesta a una situación de estrés, ¿es el momento de racionarse?

Proteínas y disciplina

Comemos menos que hace veinte años, pero comemos mal. Nuestros menús son más ricos en grasas y en azúcares rápidos. Para que los nódulos celulíticos cedan, tenemos más necesidad de volver al equilibrio alimenticio y de ejercicio físico, que de quemar una cantidad enorme de grasas. La única manera de bajar de peso es aumentar la masa muscular mediante una actividad deportiva y una alimentación rica en proteínas (carne, pescado, huevos).

> **Antes de decidir si conviene una liposucción, algunos cirujanos plásticos aconsejan a sus pacientes una dieta para adelgazar.**
> **Toda dieta frustrante conduce a una recaída y, por consiguiente, al fracaso.**

 EN POCAS PALABRAS

* Modificar su alimentación no significa matarse de hambre: para adelgazar, basta comer un poco menos de todo.

* Asociar una actividad deportiva a una alimentación rica en proteínas es la regla de oro para combatir la celulitis.

05

El estrés es el mejor amigo de la celulitis. En estado de tensión, el organismo produce cortisol, sustancia que favorece la retención de agua. Y aun cuando comamos mejor y menos, la tensión detiene el adelgazamiento.

evalúe su estrés

Buscar la causa

"Llamar a Fulano..."; "Urge..."; "No olvidar...": ¡cuántas tensiones! En circunstancias normales, nos adaptamos al estrés (que también tiene aspectos benéficos), pero a veces nos rebasa. Es un mal de la sociedad: ¿cuántas mujeres no hacen malabares con una triple vida (esposa, madre de familia y profesional), tratando de lidiar con las tareas y las preocupaciones? La tensión aumenta, el placer de vivir se desvanece, la vida de pareja lo

●●● PARA SABER MÁS ─────────

> El cansancio psicológico, la ansiedad y la depresión pueden inducir a trastornos en la regulación neuroendocrina, favoreciendo la aparición de celulitis.
> Las hormonas del estrés (catecolaminas) nos llevan a aumentar nuestro consumo de azúcar al mismo tiempo que reducen la actividad de la insulina.
> El estrés genera una microinflamación de los vasos sanguíneos y propicia la secreción de una hormona antidiurética, por lo que el organismo no elimina tan bien.

resiente. Para dosificar el estrés que la afecta levemente o la devora, pregúntese: ¿es el resultado de un ritmo demasiado sostenido o de preocupaciones específicas? En el primer caso, le urge organizarse mejor para relajarse, ver los problemas a distancia y reflexionar.

Test antiestrés

❶ Al despertar, ¿está usted llena de energía?

Sí / No

❷ ¿Enfrenta los problemas con calma y objetividad?

Sí / No

❸ ¿Tiene usted un pasatiempo? (Ir de compras no cuenta)

Sí / No

❹ ¿Se niega a explotar por nimiedades?

Sí / No

❺ ¿Es capaz de dejar de hacer el trabajo doméstico para ir al cine?

Sí / No

❻ En la noche, ¿logra olvidarse de lo que sucedió en el día?

Sí / No

Resultado

• Si usted obtuvo un total de 6 "sí", felicidades, es dueña de la situación.
• 4 respuestas "sí", no está tan mal.
• Menos de 3, cuidado: ¡Respire!

EN POCAS PALABRAS

* La sensación de gran cansancio, la irritabilidad, y hasta la agresividad, son también señales de estrés.

* Los psicotrópicos también pueden inducir a una acumulación de células grasas: ojo con almacenarlas.

06

aprenda a relajarse

Antes que nada, ¡res-pi-re!

Inténtelo, es inevitable: una gran inspiración provoca un efecto inmediato de relajación; las alteraciones desaparecen, la nuca se yergue. Es un hábito fundamental: antes de levantarse y al acostarse, exhale y después inhale profunda, lentamente, varias veces. Repita el ejercicio a lo largo del día y cada vez que sienta que aumenta la ansiedad o la irritabilidad.

Más completa aún es la práctica de la respiración abdominal: acostada, con las piernas flexionadas y la espalda bien apoyada, exhale lenta y profundamente; con una mano en el ombligo, inhale con lentitud por la nariz inflando el abdomen. Haga una pausa, después exhale, siempre por la nariz, sumiendo el vientre. Diez veces.

En casa, estírese.
En la calle, camine…

• De rodillas, con los dedos del pie en el suelo, acerque los glúteos a los talones estirando los brazos hacia adelante lo más lejos posible. Coloque la cabeza en el suelo. Permanezca así unos instantes, respire con tranquilidad. Respete la alineación de la espalda, los brazos y las axilas. Diez veces.

• Concédase 10 minutos de caminata al día, así como una sesión en la piscina y una clase de gimnasia suave a la semana.

Entre las técnicas de relajación seguras, déle preferencia al yoga, disciplina soberana (nos concentramos en las posturas y nos olvidamos del resto); el *stretching*, que es el arte del estiramiento, el fin de las contracturas; el *do in*, técnica japonesa de automasaje que busca la relajación y la renovación de energía. Para no caer en malas manos, póngase en contacto con las asociaciones respectiva.

● ● ●   PARA SABER MÁS

> El magnesio ejerce un efecto benéfico sobre el equilibrio nervioso, el ritmo cardiaco, el tránsito intestinal, las defensas inmunológicas, la excitabilidad muscular y la calidad del sueño. Lo encontramos en la alimentación (bígaros y caracoles marinos, espinacas, alcachofas, almendras, nueces, avellanas, chocolate amargo) y en el agua mineral (fíjese en las etiquetas).

> Prefiera vitaminas del grupo B (B1 o "vitamina del ánimo", B5, B6 y B9, en cápsulas). La vitamina C es un excelente agente antiestrés.

> Plantas aliadas a su bienestar: mejorana, valeriana mexicana, toronjil morado o melisa, pasiflora o maracuyá. Puede encontrarlas en infusiones y en cápsulas.

EN POCAS PALABRAS

∗ Deje que sus emociones se expresen: ¡suéltese!

∗ Al despertar y al acostarse, evoque una realidad feliz.

∗ La reflexoterapia puede ser de gran utilidad (*véase* Consejo 45).

07

tonifique sus venas

La insuficiencia venosa y los nódulos a menudo aparecen juntos. Una mala circulación de las extremidades inferiores favorece la aparición de la celulitis; ésta comprime los capilares y agrava la insuficiencia venosa. Recurra a un flebólogo.

Un círculo vicioso

Ocho de cada diez mujeres que consultan a un médico por problemas circulatorios reciben una mala sorpresa. "Examinamos sus piernas, explica el doctor Frédéric Vin, flebólogo; a menudo, bajo la luz, aparecen varicosidades de origen circulatorio, pero también una celulitis más o menos avanzada; cuando no es fácilmente visible, un doppler nos orienta. Se trata de un típico círculo

●●● PARA SABER MÁS

> Una alimentación rica en proteínas refuerza los tejidos, particularmente los venosos.

> Los venotónicos, en asociación con cremas o geles específicos reactivan la circulación. La vid roja (cápsulas o infusiones) aligera las piernas pesadas. Las cremas de cuidado para la piel que contienen esculina (las encuentra en estado natural en la castaña de Indias), mejoran la microcirculación. De venta en farmacias. Una crema anticelulítica contiene una planta tropical, *Gotu kola*, que combate la inflamación.

vicioso: un sistema circulatorio débil bloquea la celulitis, y ésta a su vez bloquea la circulación. La vida moderna, demasiado alejada del ejercicio físico, es responsable de este fenómeno que afecta a una gran cantidad de mujeres."

La caminata, un medicamento

Automóvil, metro, trabajo (frente al escritorio o a la computadora), está claro que no nos movemos lo suficiente. Ahora bien, debajo del pie tenemos una "suela" (llamada *de Lejars*) en la que reside una importante red venosa. Con cada paso, la aplastamos, provocando un empuje vertical de la sangre y una esti-

mulación del flujo sanguíneo. Esta circulación denominada de retorno puede efectuarse de manera incorrecta (insuficiencia venosa). Los músculos de las piernas desempeñan un papel esencial para ayudar a las venas. Por lo tanto, la caminata ejerce indiscutiblemente una acción dinámica. También son excelentes las duchas frías y la natación.

> Los enemigos de las piernas: la exposición al sol (calor); todo lo que obstruye el flujo circulatorio (piernas cruzadas, cinturones y medias demasiado apretadas).
> Entre los amigos, ¡los leotardos anticelulitis y el *Body Slim* actúan sobre los muslos!

EN POCAS PALABRAS

* Siempre de abajo hacia arriba: las duchas frías o los masajes se deben efectuar suavemente.

* La caminata es el remedio más simple para una buena circulación.

La alimentación "en piloto automático" es el destino de muchas mujeres. Abundan los desayunos inexistentes, las comidas que se omiten, mal balanceadas y las cenas demasiado abundantes. Usted puede mejorar esto fácilmente.

08
analice
lo que come

Las tres "C" para balancear

No hay armonía alimenticia si no se respetan las tres "C" (las tres comidas del día).

• **Por la mañana, un verdadero desayuno:** después de ocho horas de ayuno, el organismo necesita recargar sus baterías; algo bueno es la comida de la que menos "provecho" sacan nuestras células grasas. En el menú puede haber fruta, leche o yogur sin grasa, pan integral, mantequilla baja en calorías, cereales, jamón (para las proteínas), té ligero.

● ● ● PARA SABER MÁS

> La alimentación se balancea durante una semana: si tuvo un antojo, rectifique sin obsesionarse.

> La sal favorece la retención de agua. Sin llegar a suprimirla, reduzca su consumo; pronto descubrirá nuevos sabores.

> El azúcar incrementa nuestras reservas de grasas, tanto como las mismas grasas. Cuidado con los azúcares escondidos (panes dulces, pan de levadura, refrescos, etcétera).

• **A medio día, no se salte la comida**; coma ligero, sin olvidar las proteínas: carne, pescado, verduras.

• **Por la noche, una cena "bien pensada"** que complemente la comida de la tarde (pasta, por ejemplo). Tómela relativamente temprano, en un ambiente relajado.

Convites: algunas trampas que esquivar

Las "bombas de calorías" están justo en la mesa de centro: un cacahuete contiene 50% de materias grasas (10 cacahuetes equivalen a una cucharada sopera de aceite), el chorizo nutre a los nódulos celulíticos. Las galletitas, que una se pone a picar tan fácilmente, añaden calorías y sal. Déles preferencia, si hay, a las verduras crudas, rábanos, minitomates. Diga sí a la champaña, con muchas menos calorías que el whisky o que el gin tonic. Más inteligente aún: el jugo de tomate (jitomate).

> Los platillos listos para servir, fríos o congelados, contienen salsas ricas en grasas.
> Prefiera los filetes de pescado al natural para cocinar en el horno de microondas sólo con limón.

Una vez sentada a la mesa, aun cuando todo esté exquisito, procure no volverse a servir. Si bien favorece el "colesterol bueno", el aceite de oliva contiene 100% de materias grasas. Antes de precipitarse sobre el plato de quesos, recuerde que seguramente habrá un pastel de postre. ¡Y rechace sobriamente el café irlandés "para la digestión"!

＊ EN POCAS PALABRAS

＊ Las tres comidas del día son importantes, no se salte ninguna.

＊ Algunas frutas con mucha azúcar favorecen la piel de naranja. Aportes calóricos por cada 100 gramos: durazno 50; pera 54; ciruela 62; nectarina 64; cerezas 68; uvas 73.

09 escoja el tratamiento más conveniente

Frente a un escaparate lleno de botes y frascos, podemos titubear. En caso de problemas de origen circulatorio con tejidos infiltrados, la meta es drenar y eliminar. Hay tratamientos muy activos que podrán rescatarnos.

● ● ● PARA SABER MÁS

> ¿Crema o gel? El gel (a menudo con mentol) alivia las piernas pesadas, pero reseca más la piel que las cremas, con cualidades hidratantes. De ser posible, altérnelos.

> Se aconseja una exfoliación a la semana: al deshacerse de sus células muertas, la piel se vuelve más receptiva a los principios activos de los tratamientos.
> Tanto en farmacias como en perfumerías, las vendedoras son generalmente buenas consejeras... siempre

Vegetales de aquí y de allá

Tanto en las perfumerías como en las farmacias, las secciones dedicadas a la celulitis ofrecen una gran cantidad de extractos vegetales que supuestamente drenan los tejidos y aligeran las piernas pesadas. Algunos (castaño de Indias, hiedra, rusco, cola de caballo, regaliz u orozus, quina) gozan de una reputación antigua; otros vienen de África (mongononos) o de Egipto (¿los habrá conocido Nefertiti?). Los aceites esenciales combaten eficazmente la retención de agua (retama negra y mejorana); aceleran los intercambios, reducen el aspecto del nódulo y tonifican la piel. Para las piernas hinchadas acompañadas de un nódulo grasoso, busque en perfumerías un tratamiento a base de geranio de olor (eliminador de grasas), uña de gato o de liana de Perú (que detiene el almacenamiento de las grasas) y de agrimonia, que acelera la circulación.

La ola de los activos marinos

Otras maravillas, los vegetales marinos, con virtudes lipolíticas (antigrasas) naturales, tienen el poder de afinarnos; la fuerza marina antes de ir a la playa, ¿se le ocurre algo mejor? Algunas marcas conjugan los aportes de las algas y de los aceites esenciales de las plantas, aliados a las virtudes del té verde. En el mismo sentido, las líneas de productos que se elaboran en los centros de talasoterapia ofrecen baños drenantes asociando algas (quelpo rugoso o laminaria) con aceites esenciales (tomillo, romero, ciprés, limón); estos cocteles aceleran la eliminación y reducen el edema. Disponibles también en venta por correspondencia.

EN POCAS PALABRAS

* La crema y el gel deben aplicarse por la mañana y por la noche (con las piernas levantadas); su penetración es casi instantánea.

* Algunas marcas tienen clínicas donde usted puede probar los tratamientos y obtener excelentes consejos.

que no se les consulte en días y horas de mucha clientela.

> Para los fines de semana o los viajes, recurra a los tratamientos adelgazantes que vienen en monodosis.

10 drénese

El sistema linfático permite eliminar los desechos. Un drenaje manual o mecánico reaviva su actividad.

"¡No cruce las piernas!", recomiendan a veces los doctores. El consejo es válido para la circulación venosa, pero también para el sistema linfático. El sistema linfático, que no es muy conocido, es esencial en el funcionamiento del organismo. La linfa circula por todo el cuerpo. Si esta circulación natural se ve obstaculizada o retrasada, los desechos se eliminan mal: la obstrucción favorece la celulitis.

Estimule sus ganglios: los músculos desempeñan una función dinamizadora sobre las válvulas; la actividad física y los ejercicios de respiración dinamizan la linfa, pero ayuda más un drenaje linfático bien manejado, practicado por un kinesiterapeuta que se haya formado con el método de Vodder o con la ayuda de aparatos (algunos ejercen una acción semejante al drenaje natural, actúan sobre el músculo y son muy eficaces). En sólo algunas sesiones, las presiones efectuadas en puntos precisos van a estimular los ganglios linfáticos y a desincrustar las fibras celulíticas.

●●●● PARA SABER MÁS

> Al circular por los vasos linfáticos y los tejidos intersticiales, la linfa aporta nutrimentos al sistema celular y elimina sus desechos.
> En caso de piernas pesadas, un flebólogo puede prescribir una serie de drenajes manuales. No elija a su kinesiterapeuta a la ligera.

EN POCAS PALABRAS

❋ No deje que cualquier persona le haga el drenaje.

❋ Diez sesiones bastan para obtener resultados (adelgazamiento, tono).

11 presiónese

La presoterapia es útil en los casos de problemas venosos, de edema y de celulitis. Esta práctica actúa sobre la piel de naranja.

El principio: es idéntico al del drenaje linfático manual. Los resultados son menos eficaces, pero se nota un efecto desincrustante en los tejidos. La técnica se practica en los consultorios de los kinesiterapeutas y en los centros estéticos, de talasoterapia o termales. La presión se ejerce mediante polainas de tela flexible unidas a un aparato que se conecta a la electricidad; inflándose y desinflándose por turnos, las polainas ejercen presiones alternadas que favorecen la reactivación de la circulación sanguínea y linfática. Son necesarias varias sesiones para obtener resultados.

Con un profesional, sí. Una sesión con un profesional es ideal para probar la técnica, muy relajante y totalmente indolora. La sesión dura de 30 a 60 minutos (en ese caso es seguida de un masaje). Recostada, usted se relaja mientras que sus piernas se afinan.

● ● ● PARA SABER MÁS

> Este ejercicio pasivo logra, después de un mes, una piel más firme y más lisa, y ejerce una acción sobre la piel de naranja; los resultados son más o menos duraderos.

> El procedimiento tiene contraindicaciones, principalmente en casos de problemas respiratorios, venosos o cardiacos, o de hipotensión.

EN POCAS PALABRAS

* No recurra a una presoterapia de larga duración sin consultar antes a un médico.

* Sólo la regularidad conduce a un buen resultado (suscripciones de 10 sesiones).

12
retome la gimnasia

Hace un siglo que no desenrolla su colchoneta para hacer gimnasia. Sáquela y retome los calentamientos antes del jogging.
Recuperar la flexibilidad ya es fortalecerse.

Abra sus pulmones

① Sentada con las piernas cruzadas y la espalda pegada a la pared, coloque las manos en el suelo a cada lado de la pelvis. Alce el brazo derecho en posición vertical estirando el torso hacia el techo (2 veces).
② Incline el torso hacia la izquierda, y alce el brazo derecho contra la pared doblando el izquierdo. Mantenga la posición y respire. Enderece el torso en posición vertical, después baje el brazo (2 veces).
• Vuelva a empezar ahora con el brazo izquierdo. Durante todo el ejercicio, trate de respirar profundamente.

Desentuma las piernas

③ Sentada contra la pared, estire las piernas y ábralas en V. Presione con las manos de uno y otro lado del muslo deslizándolas hacia la rodilla (unos 10 segundos), después de la rodilla hasta donde nace la pantorrilla (10 segundos), por último, a lo largo de la tibia en dirección al tobillo (10 segundos).

④ Sujete una pierna, lo más lejos posible, encorve su espalda e incline la cabeza hacia la rodilla. Descanse 10 segundos dejando actuar al peso de su cuerpo.

• Enderécese y deslice las manos hasta la parte superior de la pierna.

• Vuelva a empezar del otro lado, después recuéstese para relajarse.

Combatir el estrés

Ruede una pelota de tenis, del talón a los dedos del pie. Empiece por el borde externo, después desplace la pelota hacia el borde interno (2 a 3 minutos para cada pie). Este masaje relaja mucho.

 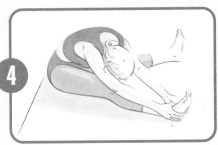

13

beba para eliminar

Beber un litro y medio de agua al día (más el litro de líquido que aporta la alimentación) favorece el drenaje y la eliminación de las toxinas. ¡El agua es una verdadera amiga contra la celulitis!

A toda hora del día

A la celulitis no le gusta el agua (lógico, el agua repele el agua). Tener una botella al alcance de la mano es la mejor manera de beber constantemente, en pequeños sorbos, un litro y medio al día. ¿Qué beber? Además de sus virtudes eliminadoras, las aguas minerales aportan elementos interesantes (calcio, potasio, magnesio) y son las favoritas de las candidatas a la delgadez. Hay que bajar el tono al consumo

●●● PARA SABER MÁS

> Cada día el cuerpo elimina aproximadamente 2 litros y medio de agua que debe recuperarse. La hidratación es esencial para el funcionamiento del organismo: trabajo de los riñones, eliminación de los desechos, regulación térmica, suavidad de la piel. De nada sirve gastar una fortuna en cuidados cosméticos hidratantes si no empezamos por hidratarnos interiormente.

> La raíz de hinojo es conocida por su acción diurética. Trabajos recientes han demostrado que gracias a sus compuestos estrógenos, puede considerarse como un fitomedica-

de aguas que contienen sodio y son ricas en sales, porque retienen agua en las células.

Té, infusiones, jugos de verduras...

¿Le gusta el té negro? Calientes o helados, los tés de Ceilán o de China son excelentes. Altérnelos con té verde, el cual como no está fermentado, tiene virtudes estimulantes y diuréticas, y es rico en cafeína, que se come la grasa. Algunas plantas (en infusiones o en cápsulas) poseen una acción fuertemente diurética: el tomillo, los rabos de cerezas silvestres, las hojas de naranjo, el tilo, la salvia, el diente de león, el brezo, la reina de los prados... Vaya de compras al herbolario o a la farmacia. Desconfíe de los jugos de frutas, algunos están saturados de azúcar (evite los néctares). Dé preferencia a los jugos de verduras o a las sopas, poco calóricas, ricas en fibras y en vitaminas.

mento hecho y derecho contra la celulitis y la retención de agua. Además, no genera ninguna fuga de sales minerales. Se puede encontrar en farmacias en forma de extracto fluido (1 a 3 ampolletas o ampollas mañana y noche).

 EN POCAS PALABRAS

* Beba, pero de la botella, así se beben sorbos más grandes que en el vaso.

* Beber permite eliminar y calma el apetito (un vaso de agua sirve de tentempié).

14 guarde sus ceniceros

Doctores, kinesiterapeutas, esteticistas, todos opinan: el tabaco agrava la celulitis y arruga el rostro. Es hora de fumarse su último cigarrillo…

Los daños del tabaco: la celulitis tiene mucho que ver con la vascularización. El tabaco interviene de manera negativa sobre la microcirculación: por medio de la nicotina, genera una vasoconstricción y una mala oxigenación de los tejidos. En materia de belleza, la nocividad del cigarro es denunciada por los dermatólogos: el tabaco hace más gruesa y reseca a la piel, acentúa las arrugas. Además, el cigarro nos prepara a fuego lento una preciosa red de várices para los cincuenta años. Cconjugado con la píldora, el cigarro constituye un riesgo cardiovascular real.

Objeción: "¡Si dejo de fumar, voy a subir de peso!", dirá usted. ¿Qué hacer? Consultar las estadísticas. De cada tres fumadores arrepentidos, sólo uno sube de peso; y más aún, después de seis meses este aumento de peso disminuye. En cambio, las hinchazones celulíticas ceden mucho más rápido. Así que guarde sus ceniceros y ahorre dinero. Muy pronto será dueña de un pequeño capital y podrá pagarse el costo de una clínica para adelgazar.

●●● PARA SABER MÁS

> Dejar de fumar exige fuerza voluntad. Elija bien el momento. Para ayudarse, acuda a un doctor, a los parches, a las gomas de mascar y otros productos.
> El proceso de cicatrización se altera en los fumadores: en una cirugía plástica, el riesgo de un problema cutáneo se multiplica por diez.

EN POCAS PALABRAS

∗ El proceso de cicatrización se altera en los fumadores: en caso de una cirugía plástica, el riesgo de un problema cutáneo se multiplica por diez.

15 confíe en la homeopatía

No existe un medicamento homeopático milagroso que combata la celulitis. Pero el conocimiento de su entorno individual y los gránulos pueden ayudarle.

Un asunto de entorno: Los médicos homeópatas constatan que la aparición o la agravación de una celulitis son señal de una modificación del entorno en el que se desempeña el individuo. "La celulitis se desarrolla como resultado de una reacción específica de un área sensible, y necesita medicamentos como *Natrum muriaticum*, *Pulsatilla*, *Kalium carbonicum*, *Calcarea carbonica* o *Thuya*", precisa el doctor Jacques Boulet, homeópata en París.

Automedicación: antes de ver al médico, para estimular la circulación y la eliminación tome *Fucus* y *Pilosella* (en cápsulas, 2 de cada una, 3 veces al día); *Hamamelis* compuesta o Climaxol® (20 gotas, 3 veces al día); *Apis* 15 CH (5 gránulos cada noche). ¿Celulitis? Tome *Natrum sulfuricum* 9 CH (5 gránulos al día) y 100 gotas de *Pilosella* TM y *Fucus* TM en una botella de agua, que debe tomarse en el transcurso del día (durante 8 horas mínimo).

EN POCAS PALABRAS

* La homeopatía toma en cuenta a la persona como un todo.

* Antes de la consulta, trate de recordar lo que pudo haber modificado su entorno.

16

hagase un tratamiento como una profesional

Según la forma en que se practica, un tratamiento se revelará poco eficaz o de excelentes resultados prácticos. Vale la pena tomarse los minutos necesarios para aplicarlo correctamente.

Prepare su piel

Dos veces por semana, convierta su cuarto de baño en la cabina de una clínica de belleza. Material necesario: una silla (para algunas zonas, estar sentada facilita los movimientos) y, por supuesto, sus productos. Empiece por eliminar las células muertas de la piel con una crema exfoliante (gracias a los jabones exfoliantes, puede hacerlo en la ducha). Una vez que su piel esté seca, trate superficialmente las zonas afectadas (siempre

● ● ● P A R A   S A B E R   M Á S

> Las cremas actuales penetran rápidamente en la piel, y le permiten vestirse en seguida después de la aplicación.
> ¿Zurda, derecha? Cuando usamos una crema (tanto para la cara como para el

cuerpo), todas tenemos la tendencia a usar una sola mano (una sostiene el tubo, la otra trabaja). Para un masaje mucho más eficaz, deje el tubo y use las dos manos.

de abajo hacia arriba) acentuando el movimiento. A continuación dése un masaje con la técnica de palpar y enrollar (*palper rouler*): agarre su piel entre el pulgar y los demás dedos y hágala rodar; el objetivo es activar la circulación (la piel se enrojece). Por último, dése palmadas vigorosas en los glúteos y muslos antes de volver a hacerlo con mayor suavidad: su piel estará lista para absorber los principios activos del producto del tratamiento.

Masajear y perseverar

Aplique la crema según la técnica de los esteticistas: ponga una pequeña cantidad del producto en la palma de la mano; caliéntela algunos segundos, después aplíquela con movimientos circulares, subiendo del tobillo a la cadera. Para los muslos, trate los dos lados: primero el lado externo, después el lado interno (siempre de abajo hacia arriba). Tanto el masaje de la cadera como el del vientre, deben efectuarse en el sentido de las manecillas del reloj, poniendo énfasis en la parte más rechoncha. Los activos desincrustantes y anticelulíticos, así como la firmeza del producto van a actuar; si se hacen bien, estos gestos pueden permitir, en sólo unas semanas, una reducción de 1 a 5 cm de diámetro de muslo.

> Nunca trate con brusquedad a su piel. En el nivel de las piernas sobre todo, el sistema circulatorio es rico en pequeños vasos que podrían causarle cardenales, incluso pequeñas varicosidades.

EN POCAS PALABRAS

* Los cuidados contra los nódulos son aliados eficaces en la lucha anticelulitis.

* El masaje de las extremidades inferiores debe practicarse siempre de abajo hacia arriba.

La mitad de las mujeres se quejan de un tránsito intestinal perezoso. Ahora bien, una mala eliminación favorece la aparición de celulitis. ¿Qué hacer sin caer en la obsesión? Siga la guía.

17

despierte su tránsito intestinal

Medidas simples

En primer lugar, no nos movemos lo suficiente; después, estamos estresadas; por último, nuestra alimentación, pobre en pan (víctima, equivocadamente, del intento desenfrenado por adelgazar), no nos aporta suficientes fibras. Todo eso puede mejorar. Por lo demás, existen medidas simples, con una eficacia probada:

• por la mañana, al levantarse, tómese un vaso de agua helada y vuélvase a acostar cinco minutos;

• en la ducha, déle un masaje a su vientre con agua tibia y con la cabeza de la regadera en el sentido de las manecillas del reloj;

• después de pasar tres horas pegada a un escritorio, salga, camine rápido respirando profundamente y contrayendo los abdominales.

Plato y bolo alimenticio

Para consumir fibras, tan útiles, déle preferencia a las sopas (sobre todo a las hechas en casa, con trozos de verduras; prepare dos litros el fin de semana y congélelos en recipientes). ¿Tiene mucha prisa? Compre sopas congeladas, hay unas muy buenas.

Los aceleradores del tránsito intestinal son el pan de salvado, los tomates, las alubias (frijol o poroto blanco), la soya, el puré de chícharos (arvejas), los ejotes (chauchas), los puerros, las espinacas, los cereales integrales (sin azúcar), las fresas y las frambuesas, los higos, las ciruelas, las mermeladas (con trozos de fruta). Fanáticas de adelgazar a toda costa, cuidado: saltarse regularmente una comida o alimentarse muy poco altera el tránsito intestinal, porque el bolo alimenticio no es suficiente.

● ● ● PARA SABER MÁS

> Los ejercicios de yoga para el abdomen aplanan el vientre y también mejoran la circulación del hígado, de la vesícula y facilitan el tránsito intestinal.

> Intente este pequeño ejercicio: sentada, con la espalda derecha y los brazos al aire, estire las piernas con la punta de los pies hacia arriba, sin poner tensos los músculos de los muslos. Exhalando, doble la parte de arriba del cuerpo hacia delante e intente tomarse los dedos de los pies. Si le cuesta trabajo, doble un poco las rodillas en vez de encorvar la espalda. Permanezca 5 segundos con los pulmones vacíos; vuelva a la posición inicial (10 veces).

EN POCAS PALABRAS

✳ El magnesio regula el tránsito intestinal. Algunas aguas minerales lo contienen en abundancia.

✳ El higo, el tamarindo y el ruibarbo que reactivan el tránsito intestinal.

18

libere sus piernas

Pesadez, periodos prolongados de pie o sentada, calor, todo se confabula a lo largo del día para hinchar nuestras piernas. La retención de agua puede mejorar sensiblemente con ejercicios regulares.

Aliviar la pesadez

Estar de pie —99.99% de las vendedoras se ven afectadas— echa a perder las piernas. El retorno venoso se lleva a cabo con dificultad, se presenta una estasis venosa y linfática, los tejidos se infiltran y se hinchan. Para aliviar el edema, cada vez que le sea posible durante el día, coloque las piernas sobre un asiento sin cruzarlas. Déles un suave masaje a sus tobillos de abajo hacia arriba. Practique una actividad física liberando las piernas del peso del cuerpo: la bicicleta activa la circula-

● ● ● PARA SABER MÁS

> Gracias a la presión que ejerce el agua sobre nuestro cuerpo, la natación se coloca en la primera fila de las actividades para combatir las piernas pesadas. Nade de crol; la patada constituye un verdadero tratamiento. El esfuerzo no es grande, pero sí muy eficaz.

> Cuando usted nada, su cuerpo se beneficia de un hidromasaje que mejora su circulación y tonifica sus músculos.

ción, refuerza los músculos de las pantorrillas, libera y adelgaza las rodillas, afina el muslo. Tres sesiones de 20 minutos a la semana alternando un ritmos tranquilo y rápidos transformarán la silueta.

Gimnasia en el suelo, natación y otros cuidados

• Lleve a cabo su gimnasia con la espalda en el suelo. El pedaleo, bueno para los abdominales, es excelente para las piernas; el agua que se ha infiltrado en los tejidos pasa por el sistema sanguíneo, que la elimina enseguida.

• El agua masajea la pierna: en el mar o en una piscina, camine durante largo rato con el agua hasta las rodillas. Haga gimnasia acuática.

• Corra a la farmacia. Las cápsulas de tratamiento y los cuidados locales para las piernas pesadas, los geles, las cremas y los parches, a menudo a base de plantas, reactivan la circulación, drenan, alivian y refrescan. Utilícelas por la mañana y por la noche.

> El tabaco y el alcohol, las especias, el exceso de sal y el sobrepeso agravan los problemas circulatorios.

 EN POCAS PALABRAS

* Cualquier actividad física que reavive la circulación es excelente.

* No se espere a sufrir de varicosidades para consultar a un médico.

19 coma y beba plantas

Desde la época de Cleopatra, tanto los regalos de la naturaleza como las plantas no han dejado de impresionarnos. En el marco de la "operación anticelulitis", ya sea en cápsulas o en ampolletas, las plantas serán de sus aliadas más preciadas.

● ● ● PARA SABER MÁS

> Los activos drenantes de los productos de uso interno limpian el organismo y favorecen la eliminación del exceso de agua en las células. Ojo: no los utilice durante mucho tiempo, correría el riesgo de eliminar también vitaminas y sales minerales. La duración razonable del tratamiento es de 3 a 4 semanas (lea cuidadosamente las instrucciones). En caso de fatiga, tome complementos que contengan vitaminas y minerales.

Complementos... muy complementarios

Si usted sufre de celulitis y de retención de líquidos, su objetivo es estimular la eliminación del agua y de las toxinas de su organismo. Irremplazables e ineludibles por sus virtudes (se siguen descubriendo más), los vegetales entran cada año más en la composición de los productos adelgazantes de uso interno, en forma de complementos alimenticios. Para mayor eficacia, se componen de varias plantas combinadas, entre ellas las uvas. En cápsulas, en frascos, en ampolletas, en infusiones compuestas, hay miles; no vacile en pedir un consejo a su farmacéutico sobre el producto más adaptado a su caso.

Los cócteles estrella

• El té verde es el rey; en cápsulas, asociado al ortosifón o té de Java, drena, favorece la combustión de las grasas y combate la retención de agua.
• Algunos productos reúnen seis plantas drenantes y lactitol, azúcar no asimilable y sin calorías que activa el tránsito intestinal.
• El vinagre de sidra favorece la eliminación de grasas: se encuentra en los mismos cócteles de plantas drenantes anticelulitis.
• Interesante: el abedul o álamo blanco combinado con té verde, reina de los prados y manzana, favorece la renovación del colágeno, mejorando la piel de naranja.
• Las infusiones compuestas no se quedan atrás. Algunas aprovechan algas y plantas. Son convenientes para aquellas mujeres que, siendo novatas en materia de fitoterapia, no saben a qué planta recurrir.
Las cápsulas son más prácticas: siempre las tenemos a la mano dentro del bolso. Hay que protegerlas de la humedad.

EN POCAS PALABRAS

* Los vegetales que se consumen en forma de cápsulas, ampolletas o infusiones favorecen la eliminación de toxinas.

* No, las infusiones adelgazantes no son desabridas: los aromas de frutas les dan sabor.

> Algunas especialidades combinan en un mismo paquete cápsulas para ayudar a adelgazar y gel liporreductor. Algo interesante por su coherencia y su simplicidad.

20 pase frío

La actividad circulatoria de las extremidades inferiores suele ser perezosa. El frío ejerce un efecto tónico sobre las paredes venosas, que se contraen. Pero, ¿qué tipo de frío?

Refresque sus piernas: en lo cotidiano, la manera más fácil de lograrlo es terminar su ducha por una sucesión de chorros de agua fría en cada pierna, desde el tobillo hasta la parte de arriba de los muslos (¡sin gritar!). En caso de celulitis con retención de agua, los geles o las cremas destinadas a aliviar la pesadez y a reactivar la circulación venosa, a menudo a base de plantas, resultan eficaces. Algunos tienen incluso un efecto de cataplasma asegurando un beneficio de larga duración.

La crioterapia: practicada en algunas clínicas, esta técnica hace titiritar las paredes venosas con mucho beneficio. Consiste en ponerse unas medias impregnadas con un gel glacial que reduce inmediatamente la temperatura local. Seguro que se estremecerá, pero una vez llamadas al orden, las válvulas que fallan se volverán a contraer. Prevea varias sesiones (30 minutos, aproximadamente).

testimonio

"Mateo por poco me hace renunciar a mí misma. Desde que nació, dejé de prestarme atención, polarizando toda mi energía en él. Hasta el día en que una amiga me dio un consejo: 'Si yo fuera tú, iría a ver al doctor Z'. Hice una cita. Cuando estuve frente al edificio, me llevé una sorpresa: 'Medicina estética', decía el letrero. ¿Es una broma? Estuve a punto de volver a mi casa, y después entré. El doctor me hizo preguntas y me examinó. Yo creía haber engordado; pero 'sólo' se trataba de debilidad muscular y celulitis. El doctor me alentó a tomar de nuevo las riendas de todo (dieta, mejora del sueño, cuidados locales), me aconsejó que me inscribiera en un gimnasio (dos veces por semana, con gimnasia acuática). Pensé que nunca lograría hacer todo eso, y me sentía culpable por ocuparme tanto de mí misma. Juan, mi marido, me apoyó. Resultado: en tres meses, recuperé mi silueta (mi vientre se volvió a endurecer, los nódulos de los muslos desaparecieron, los hombros se ensancharon), y recobré la energía. Juan, por su parte, empezó el jogging de nuevo. Mateo crece rápidamente. Al final todos vivimos mejor…"

≫ **Cuando la celulitis se acompaña de sobrepeso** y cuando la piel está indudablemente acolchada, las intervenciones locales deben volverse más agresivas e incluir medidas dietéticas y deportivas más serias.

≫≫≫ Afortunadamente, **el abanico de respuestas es amplio.** Puede escogerlas según sus necesidades, gustos y presupuesto: equilibrio alimenticio, gimnasia o ejercicio adaptado, cuidados generales y locales, las siguientes veinte sugerencias agotan el tema.

≫≫≫≫≫ **Eliminar mejor, respirar mejor, vivir mejor,** darse atención a usted misma, ¿acaso su programa de renovación no es motivador?

40
CONSEJOS

21

tome una decisión acertada

Es evidente: además de la piel de naranja, usted ha engordado; ¿3, 4 o 5 kilos, más? Va a bajar de peso, ¡está decidido! Como sin duda no es la primera vez, pregúntese por qué sus tentativas anteriores han fracasado. ¿Cuál es su perfil como aprendiz de la esbeltez?

Seis personajes en busca de la esbeltez

• **La bulímica:** de la noche a la mañana, pasa de la mesa a la farmacia, alimentándose casi exclusivamente de cápsulas, complementos alimenticios e infusiones (¡no va a funcionar!).

• **La proselitista:** devora artículos y libros sobre el tema, anuncia a todo el mundo su decisión de diluirse como un

●●● PARA SABER MÁS

> La modificación del comportamiento alimenticio debe ser una decisión individual, razonable y razonada. Para tener éxito, hay que proponerse tomar una buena decisión.

> La supresión de un aporte alimenticio puede tener consecuencias mínimas a corto plazo, pero volverse nefasta a largo plazo.

> Cuando buscamos bajar de peso con rapidez mediante métodos drásticos nos exponemos ineludiblemente a un aumento de peso igual de rápido.

terrón de azúcar en un vaso de agua, no vacila en poner a su familia a comer espinacas, total, entra de lleno en la "esbeltez" (¡no va a funcionar!).

• **La reflexiva:** se pesa, se pellizca, interroga al espejo, hace cita con su médico y con el gimnasio (es probable que funcione).

• **La que hace _zapping_:** el lunes se embadurna con cremas adelgazantes; el martes inicia una dieta hídrica; el miércoles no come más que pavo, el jueves tira el salero... (¡no va a funcionar!).

• **La lúcida:** se compra un buen libro sobre celulitis, lo lee de principio a fin, anota sus imperativos en un cuaderno, se fija objetivos y establece un presupuesto para seis meses (¡sí va a funcionar!).

• **La hambrienta:** sueña con adelgazar sin cambiar nada en el menú (¡no va a funcionar!); pero es capaz de tomar la decisión de ir a ver a un dietista y de hacer prueba de voluntad (¡puede funcionar!).

Y usted, ¿quién es?

Estos bosquejos, voluntariamente caricaturescos, no son frívolos más que en apariencia: para que el cuerpo cambie, primero tiene que cambiar la mente...

EN POCAS PALABRAS

* Bajar de peso sin perder el equilibrio es algo que se aprende. Una cura dietética puede ayudarla.

* En estado de cansancio, el intento de adelgazar está casi condenado al fracaso.

22

calcule su IMC

No, usted no debe pesar 10 kilos menos que su estatura en centímetros. La idea es falsa, pero tiene siete vidas como los gatos. En cambio, conocer su Índice de Masa Corporal (IMC) es una información legítima.

¿IMC normal o no?

El IMC fue definido por la Organización Mundial de la Salud con el fin de medir el sobrepeso. Un IMC se considera normal si está comprendido entre 20 y 24.9. Si es superior a 25 e inferior a 30, ya se habla de exceso de peso. Entre 30 y 35, se trata de obesidad moderada; más allá, de obesidad grave.

¿Por dónde anda usted?

Para encontrar su índice de masa corporal en el cuadro, localice en la columna

●●● PARA SABER MÁS

> El IMC se calcula dividiendo el peso (en kilos) entre el cuadrado de la altura (en metros). Por ejemplo, si usted mide 1,65 m y pesa 67 kg, su IMC es de 67 / 1,65 al cuadrado = 24,6. (Su IMC es correcto).

> Esta fórmula no tiene en cuenta la importancia de los huesos, ni el peso real del tejido adiposo, por ello es reduccionista.

> La impedanciometría permite delimitar la importancia del tejido adiposo lo más aproximado posible (*véase* Consejo 40).

> Actualmente, uno de cada tres franceses, presenta un exceso de peso.

Estatura en m (E)	IMC = 25 pocos riesgos	IMC = 27 riesgos acrecentados	IMC = 30 riesgos elevados
PESO (redondeado a 0.5 kg más o menos)			
1.50 (2.25)	56 kg	60 kg	67 kg
1.55 (2.40)	61 kg	65 kg	72 kg
1.60 (2.56)	64 kg	69 kg	76.5 kg
1.65 (2.72)	68 kg	73.5 kg	81.5 kg
1.70 (2.89)	72 kg	78 kg	86 kg
1.75 (3.06)	76.5 kg	82.5 kg	92 kg
1.80 (3.24)	81 kg	87.5 kg	97 kg
1.85 (3.42)	85.5 kg	92.5 kg	102.5 kg
1.90 (3.61)	90 kg	97.5 kg	108 kg

de la izquierda la estatura más cercana a la suya y lea la línea hasta donde esté el número que más se acerque a su peso. Si usted figura en el umbral crítico, saque las conclusiones que se desprenden y háblelo con su médico. Incluso, si se pasó de la raya, consulte a un nutricionista.

 EN POCAS PALABRAS

* Se engorda más por comer mal que por comer demasiado.

* En caso de obesidad, las hormonas, sobre todo las tiroideas, pueden ser el motivo.

23
consulte
a un dietista

Especialistas en el arte de comer bien, los dietistas actúan en el marco de las patologías relacionadas con la alimentación, a menudo en la preocupación por buscar el equilibrio en el peso. Cuando los consultamos, establecen programas "a la carta".

Profesionales de la salud

Los puede encontrar en una clínica o en un consultorio privado, en centros de curas termales o marinas. De reputación más discreta que los nutricionistas (estos últimos, sean o no médicos, no aceptan ninguna competencia oficial), tienen a su favor un par de años de estudios específicos avalados por un diploma. Pueden prescribir dietas destinadas a cuidar un estado de salud desfalleciente

● ● ● PARA SABER MÁS ─────────

> La primera consulta empieza por un calvario; usted tendrá que contestar (honestamente) a un cuestionario detallado sobre sus hábitos alimenticios.

> Cuando el peso que se quiere bajar es considerable, una opinión médica y un chequeo son muy útiles.

> ¿Dónde encontrar un buen dietista? Póngase en contacto con el Instituto Nacional de Nutrición de su país.

(diabetes, obesidad) o para ayudar a bajar de peso. Si deseamos adelgazar a la medida, ir a consulta no es una pérdida de tiempo. Al término de un interrogatorio detallado, se establece un programa alimenticio preciso.

Olvide los prejuicios

De manera simplificada, el sobrepeso es igual a la energía alimenticia almacenada. Para adelgazar, hay que intervenir en la alimentación. El objetivo es restablecer el equilibrio; no se trata tanto de limitarse como de comer de manera diferente, dando preferencia a los productos sanos y moderadamente calóricos. Deshágase de la idea de que uno fabrica grasa comiendo exclusivamente grasas. ¿Y el azúcar? La energía que aporta, si no se usa, se almacena en forma de grasa; los panes dulces proporcionan cuatro veces más grasas que los alimentos a

base de carne. Renunciar a un filete de carne por ensalada de pollo es un error: al igual que el jamón, un bistec magro (sin filamentos de grasa) presenta 2% de materias grasas, mientras que la pierna de pollo, supuestamente magra, ¡contiene 10 %! Coma carnes rojas: las mujeres carecen muy a menudo de hie-

EN POCAS PALABRAS

* La primera consulta le permitirá tomar conciencia de sus hábitos alimenticios.

* Los dietistas que usan curas marinas o termales tienen una gran experiencia en materia de equilibrio alimenticio.

24

**póngase
los zapatos
deportivos**

Como la celulitis está relacionada con la circulación sanguínea, todo lo que la reactive es positivo. Es imposible eliminar grasas si no se emprende con seriedad una actividad física: ¡ánimo!

Prioridad: deportes de resistencia

De las 2 000 calorías en promedio que absorbemos cotidianamente, 1 200 se emplean en el metabolismo basal, 200 son asimiladas por la digestión (termogénesis) y 150 sirven a la regulación térmica. En principio las 450 restantes se queman por el ejercicio muscular, lo cual no siempre es el caso.

Ponerse los zapatos deportivos es ineludible. Los deportes de resistencia tienen la ventaja de que incluso los sedentarios pueden practicarlos, aun los que están un

● ● ● PARA SABER MÁS

> Con el mismo peso, los deportistas se ven más delgados: la actividad remodela la silueta y el músculo es más pesado que la grasa.

> Para que el ejercicio sea rentable, y sin riesgo, el esfuerzo debe ser progresivo, con una intensidad razonable y regular, sin forzar nunca.

> Cuidado con los sobreentrenamientos de un verano, seguidos por un abandono completo de deporte: al suspender la actividad física, usted fabrica grasa.

> Para la caminata rápida, son indispensables unos buenos zapatos deportivos que amortigüen el impacto.

poco enmohecidos, siempre que vayan progresando poco a poco. La bicicleta, el jogging y el patinaje son perfectos. Pedalear reafirma y afina los muslos y los glúteos, el estado venoso, reduce los nódulos de celulitis: Para verlos desaparecer, no basta dar la vuelta a la manzana. Cuando se desea quemar las reservas de grasa, hay que proveer de oxígeno a los músculos. Esta reacción no empieza a producirse sino después de veinte minutos de ejercicio.

Dos sesiones de una hora a la semana

Toda sesión empieza (y termina) con estiramientos musculares. A continuación, póngase en marcha lentamente, vigilando que su exhalación sea lenta y profunda. En cuanto sienta que necesita un descanso, no vacile en otorgárselo. Lo importante es que aguante durante todo el ejercicio: para quemar grasas al máximo, el esfuerzo debe durar 45 minutos (entonces el organismo empieza a tomar de sus reservas). Una sesión de natación prolongada, de pedaleo o remo (que hace trabajar a 95% de los músculos del cuerpo) forma parte de las posibilidades. A razón de dos salidas a la semana, su condición física mejorará espectacularmente al igual que sus formas.

EN POCAS PALABRAS

* El ejercicio combate la debilidad muscular provocada por el sedentarismo.

* El remo no es recomendable para las que tienen problemas de espalda.

25 primero las proteínas

Son esenciales en la renovación de los tejidos musculares, de la trama ósea, de la piel, del cabello. Pero hay de proteínas a proteínas: las que la alimentación le aporta, y las de los complementos alimenticios.
¿A cuáles hay que dar preferencia?

● ● ●   PARA SABER MÁS

> Las proteínas son indispensables, pues son la única fuente de nitrógeno. La palabra "proteína" deriva del griego protos (primero) que significa la base misma de la vida. Si el hombre se volvió cazador por instinto, fue para responder a su necesidad de proteínas.
> A largo plazo, seguir una dieta de proteínas para adelgazar implica riesgos de otras carencias. Si siente fatiga, suspéndala de inmediato.

En su plato, en las tres comidas

Las proteínas son el pilar de una alimentación coherente. Se encuentran en los productos de origen animal (carne, pescado, huevos), en las leguminosas (lentejas, chícharos (arvejas), frijoles [porotos], soya), en los cereales (el arroz, el trigo y sus derivados). Deben estar presentes en las tres comidas del día. Para garantizar un aporte continuo indispensable, cada comida principal debería aportar dos fuentes de proteínas animales distintas (carne, pescado o huevo) y un producto lácteo, más una o dos fuentes de proteínas vegetales (pan, pasta, arroz). Por ejemplo, en el desayuno, leche y pan; en la comida, bistec, arroz y yogurt; en la cena, salmón, queso y pan. En materia de celulitis, las proteínas son preciosas porque construyen los músculos (enemigos jurados de la grasa).

En polvo, en la sopa o en la crema

"Las proteínas puras son tentempiés adaptados a la vida de las mujeres; en lugar de engullir una ensalada César rica en aceite, más vale abrir un sobre", explica el doctor Berrebi, nutricionista. "Pero hay que explicarles a las pacientes lo que es una proteína, qué papel desempeña sobre el músculo, el hambre, y su buena utilización." Todo, en efecto, es cuestión de medida. Como el objetivo es reducir los aportes alimenticios grasos, reemplazar una comida por un complemento proteínico o por una sopa es una buena solución (añadir una fruta), si se bebe abundantemente y si las otras comidas del día son balanceadas. Si usted no pudo resistir las cosas ricas, en la comida siguiente, las proteínas vegetales le ayudarán a mantener el rumbo hacia la delgadez. Esta solución es eficaz en pequeñas dosis, y no es aconsejable para nada en curas prolongadas. El régimen proteínico se usa sobre todo en caso de obesidad, bajo estricto control médico.

> Las proteínas vegetales (sin OGM) son útiles y prácticas para controlar el peso. Eso no le impide cocinar con "puras proteínas naturales" para recuperar la línea.

 EN POCAS PALABRAS

* Las proteínas puras alimentan la masa magra (músculos) y ayudan a adelgazar rápidamente.

* Las proteínas (sobre todo de soya) aceleran la sensación de saciedad.

26

levante la pierna

¿Cómo recuperar unas caderas finas y unos muslos de sílfide (o casi)? Algunos movimientos ayudan a desaparecer la celulitis. He aquí tres para realizar tres veces por semana (no menos, si no, no surtirá efecto).

Ejercicio 1

① **Posición de arranque:** póngase de pie, con las piernas separadas, el torso derecho y las manos sobre las caderas.
② Manteniendo la pierna derecha estirada, doble la izquierda y baje como si quisiera sentarse sobre el talón izquierdo, sin doblar la cintura (5 veces).
Vuelva a empezar del otro lado.

Ejercicio 2

① **Posición de arranque:** póngase de pie, con una pierna delante de la otra.

② Flexione la pierna delantera y exhale, coloque las manos sobre el muslo y baje hacia delante apoyándose sobre su rodilla y manteniendo estirada la pierna que quedó atrás. Marque un tiempo. Vuelva a subir lentamente (5 veces).

Repita el ejercicio cambiando a la otra pierna.

Ejercicio 3

① **Posición de arranque:** siéntese con las piernas separadas y la espalda derecha.

② Inhale levantando los brazos, gire su torso hacia la pierna izquierda. Exhale y al mismo tiempo intente tocarse el pie izquierdo con las manos; mantenga la posición algunos segundos. Vuelva a la posición de arranque (10 veces).

Repita con la pierna derecha.

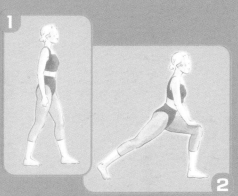

● ● ● PARA SABER MÁS

> **Estos movimientos de gimnasia suave tienen un efecto relajante. Procure respirar tranquilamente; después de cada sesión haga una pausa para relajarse.**

> **Intente hacer su gimnasia al aire libre: ¡es fenomenal!**

EN POCAS PALABRAS

* Ninguna sesión dura más de 15 minutos: está a su alcance.

* Una vez encarrilada, intente dedicarle un cuarto de hora al día.

27

considere las agujas

En materia de estrés, de sobrepeso, de celulitis y más ampliamente de reequilibrio de las energías, la acupuntura funciona. Cuando se acompaña de otras técnicas, actúa con eficacia sobre los nódulos celulíticos.

Un tratamiento de fondo

Nuestro cuerpo está animado de una energía vital que circula a través de "meridianos". La acupuntura consiste en estimular puntos precisos sobre esos meridianos a fin de restablecer el equilibrio energético. En cuanto a celulitis, constituye un tratamiento de fondo. El especialista buscará la razón de la estasis venosa y del estancamiento de las fibras y de las grasas (a menudo pre-

● ● ● PARA SABER MÁS

> La acupuntura se utiliza en China desde que el mundo es mundo. Cada vez más médicos la practican. Numerosos hospitales ofrecen consultas de acupuntura.

> Las agujas se implantan en puntos específicos, desde la coronilla hasta los dedos del pie, donde circulan las energías yin y yang, fuerzas opuestas y complementarias que el buen funcionamiento del organismo.

sentes desde la pubertad). Una visita al acupunturista no sólo es un elemento de combate anticelulítico, sino también la oportunidad para mejorar una neurosis, un sueño frágil, un aumento de peso…

Agujas, fitoterapia y ultrasonidos

"La acupuntura, explica la doctora Nicole Maguy, permite reactivar los intercambios, mejorar la circulación sanguínea y ayudar a bajar de peso. En los casos en que existe una red de fibras muy constituida, la acupuntura corre el riesgo de ejercer poca acción sobre la celulitis cuando se practica sola. Es por ello que yo la acompaño de otros procedimientos (fitoterapia, oligoelementos y ultrasonidos, técnica actual realmente eficaz). De esta forma se obtienen resultados en el plano local, aportando un reequilibrio global del organismo."

> **La eficacia y la inocuidad de esta terapéutica están probadas.**

EN POCAS PALABRAS

* Las agujas que se utilizan están esterilizadas.

* La acupuntura ejerce una acción sobre el estrés, a menudo relacionado con la celulitis.

28

no dé a luz a un nódulo

Es la más hermosa de las aventuras, pero tiene sus sorpresas. Durante el embarazo, el cuerpo almacena grasas de manera natural. Después del nacimiento del bebé, podemos conservar algunos kilos y descubrirnos piel de naranja. ¿Hay que resignarse? ¡No!

Un nacimiento puede ocultar otro

"Beatriz y Enrique tienen la alegría de anunciarles el nacimiento de una piel de naranja…" Una tarjeta de este tipo haría reír a los amigos, pero seguramente no a la feliz madre. Por desgracia, el aumento de peso, unos glúteos generosos y el inicio de una celulitis a menudo se dan cita después del parto. Biológicamente es normal, sobre todo si ha decidido amamantar. Se supone que la grasa de las

● ● ● P A R A   S A B E R   M Á S

> ¿Cuándo debe ir a una cura? Tres meses después del parto, pero a menudo después del sexto mes, y siempre luego del destete del bebé.
> Y, ¿entonces? Usted recibirá consejos de equilibrio dietético, técnicas de relajación y recomendaciones para volver a estar en forma, así como información sobre el ámbito ginecológico.
> Algunos centros de aguas termales cuentan también con curas posnatales.

caderas y de los glúteos debe desaparecer; pero la celulitis lo único que pide es quedarse. Esto exige algunos cuidados (que usted bien merece).

Una madre en el mar

Una buena idea para los padres y suegros es regalarle a usted una cura de talasoterapia. Puede ir con el bebé, lo van a atender mientras duran sus tratamientos (infórmese sobre el costo de la guardería). Los consejos dietéticos están en el menú, pero con moderación, porque hay que evitar las carencias (sobre todo en hierro, magnesio y zinc). ¿Qué hacen por usted? La miman: duchas de afusión, masajes, cataplasmas de barro, duchas a chorro, gimnasia acuática, reeducación perineal, y sobre todo se hacen cargo de usted en el momento en que realmente lo necesita: ¿qué mejor manera de combatir la depresión posparto?

> Y, ¿si no puede ir a una cura? Pídale a su ginecólogo los datos de un consultorio de medicina plástica que sea serio. Las ecografías (ultrasonidos) dan buenos resultados (*véase* Consejo 52).

> En cualquier caso, evite los masajes violentos o profundos.

EN POCAS PALABRAS

* Actúe desde el primer parto; cada embarazo aporta su tributo de celulitis.

* Usted recuperará su figura de antes, y también su energía.

29

Solas, y cualesquiera que sean sus proezas y sus promesas, las cremas de tratamiento no borran gran cosa. Pero asociadas a una alimentación adecuada y a una actividad física regular, se vuelven realmente indispensables.

confíe en los tratamientos

Cócteles cada vez más sofisticados

¿Cuál es la misión de todos esos geles, todas esas cremas y soluciones? Actuar sobre diversos frentes: activar la circulación y combatir la retención de agua; regular la actividad de las células grasas; alisar la piel y reafirmarla. Cada primavera aparecen componentes más eficaces. Tal cuidado a base de retinol (famoso por su acción antienvejecimiento) rápidamente quema las grasas. Activo biológico, la biokinesiterapia actúa como un verdadero reductor de grasas. Una molécula que

● ● ● PARA SABER MÁS

> La hormona de crecimiento que secretamos durante la noche favorece la eliminación natural de las grasas producidas por el ayuno y la hiperactividad celular nocturna (producción de 2 a 8 veces superior a la actividad diurna).

> La celulitis cede cuando se le pone enfrente un abanico de respuestas: estos productos hacen efecto si la alimentación es ligera, sin dietas drásticas que sólo incitarían al cuerpo a almacenar, y con una verdadera actividad física.

proviene de la corteza del manzano bloquea la entrada de las grasas en las células, quema aque-llas que ya están estacionadas. La cafeína actúa cada vez mejor.

Duerma, las cremas se ocuparán de usted

El cuerpo no funciona de la misma manera a cualquier hora del día; esta realidad médicamente reconocida (cronobiología) se utiliza para tomar algunos medicamentos; también los laboratorios han desarrollado productos adelgazantes noche/día. Una loción drenante para la mañana y una crema remodeladora para la noche (de venta en farmacias) frenan la asimilación de los azúcares durante el sueño. Contra la retención de agua, ciertas preparaciones contienen aceites esenciales que favorecen la penetración de los principios activos (deben utilizarse en masajes).

> El masaje que precede y acompaña la aplicación de todo producto optimiza su efecto y, al activar la circulación, mejora el estado de la piel.

EN POCAS PALABRAS

* Utilice cremas de cuidado, pero nunca olvide su botella de agua.

* Los complementos alimenticios que favorecen la quema de grasas son útiles en pequeñas curas complementarias (*véase* Consejo 59).

30 use los *rollers*

Redondos, provistos de picos, los *rollers* anticelulitis, sencillos o sofisticados, sirven para eliminar el agua y las grasas de nuestras células.

Los *rollers* manuales: algunos de estos aparatitos vienen con un tubo de crema adelgazante, por el mismo precio. Son de plástico y están dotados de pequeños rodillos con picos. Se aconseja usarlos para masajear las zonas "problemáticas" antes de aplicar la crema; como si fueran un *palper-rouler* manual, activan la microcirculación, permitiendo luego una penetración óptima de los principios activos.

Para cada zona, coordine simultáneamente los dos gestos (masaje y aplicación de la crema de cuidado).

Los aparatos de masaje eléctricos: provistos de un motor, tienen mangos y grandes dedos móviles (cubiertos de una membrana no agresiva); masajean intensivamente la epidermis en un movimiento rotativo horizontal y vertical, actuando en profundidad. El drenaje actúa sobre la celulitis, alisa la piel, relaja y estimula. Estos aparatos deben usarse sobre una piel limpia y seca; se coordina con la aplicación de una crema o de un gel (que a menudo vienen con el aparato).

● ● ● PARA SABER MÁS

> Los modelos eléctricos actúan sobre las piernas, los muslos, las caderas, el vientre. Son igualmente útiles en caso de contracturas musculares.
> Algunas marcas han colocado picos en las tapas de sus frascos: se masajea y se aplica el producto al mismo tiempo. Prácticos para las grandes viajeras.

 EN POCAS PALABRAS

* Los *rollers* manuales se encuentran en perfumerías, farmacias y almacenes.
* Los aparatos de masaje eléctricos tambien se venden por correspondencia.

31 apueste a la cafeína

Adictas al café, es el momento de reducir su consumo en beneficio de otra cafeína, devoradora de celulitis.

Opte por el té verde: conocemos bien el círculo vicioso: cansancio = café = dinamismo = cansancio repentino = café otra vez. Así pues, olvídese del café, sin renunciar a la cafeína. ¿Dónde puede encontrarla? En el té verde, regalo del cielo que acelera la eliminación urinaria, combate el estreñimiento y estimula la mente. Puede consumirse a lo largo de todo el día, pues a diferencia del té negro, no fue fermentado. Prefiera el té verde orgánico. Lo último de lo último: utilizar agua de manantial para la infusión.

Úntese cafeína: diosa de la delgadez, la cafeína entra en la composición de numerosas cremas de tratamiento. Entre los activos lipolíticos, es el único componente reconocido por la acción que ejerce sobre la movilización lipídica. Dos formas de cafeína estimulan la lipólisis (eliminación de las grasas): la cafeína base y las sales de cafeína. Se pueden encontrar en geles adelgazantes combinados con otros principios activos.

EN POCAS PALABRAS

* Existe café soluble adelgazante. Ayuda a quemar grasas y a calmar el hambre. ¡Pero no abuse!

* Si usted sufre de insomnio, olvídese del té después de las 4 de la tarde.

32 adelgace en una clínica

Los cuidados en una clínica y los masajes efectuados por esteticistas son mucho más eficaces que los que usted puede darse cotidianamente. Además, ¡qué felicidad dejarse mimar! Haga, pues, una cita.

● ● ● PARA SABER MÁS

> Las manos son una herramienta maravillosa: hoy en día, los esteticistas, formados con técnicas de presiones, de masajes tailandeses, orientales o californianos, ponen al cuerpo en estado de relajación absoluta y reactivan los intercambios hasta ese momento bloqueados.

> Por razones de relajación y de puntualidad, más vale elegir una clínica cerca de su casa o de su trabajo.

> Algunas clínicas y ciertas curas termales se especializan en el adel-

Eliminar el estrés
es eliminar los nódulos

A menudo, la sesión empieza por movimientos para quitar las tensiones. En materia de celulitis, son de gran utilidad las presiones que se ejercen sobre el vientre y el plexo: en estado de estrés el cuerpo retiene las grasas y el agua; la maniobra relaja totalmente y reafirma los tejidos; a continuación, se pasa a acciones más enfocadas. Cada clínica tiene su propia técnica, sus propios productos, secretos, especialidades: drenaje, alisado, masaje, acupresión, relajación, hidroterapia, cataplasmas... Los cuidados y los sueros le deben sus virtudes a la fitoterapia, a la arcilla, a los activos marinos, a los aceites esenciales. Cada sesión dura una hora u hora y media.

Sólo la regularidad es rentable

No espere milagros desde la primera sesión; por lo general se necesitan tres para que el proceso se ponga en marcha, y para constatar un inicio de "deshinchazón"; los intercambios se restablecen desincrustando las zonas afectadas. Se "rompen" las grasas, se remodela y se alisa la piel. La acción contra la celulitis es global; los cuidados y masajes vienen acompañados de técnicas mecánicas. Si usted no se queda dormida, hable con la esteticista de sus problemas de peso y de piel; ella le dará consejos perspicaces. Con citas regulares (2 veces a la semana), se obtienen verdaderos resultados, un adelgazamiento, una piel más lisa. Y una se siente más ligera... y tan relajada.

EN POCAS PALABRAS

✳ Prevea ropa fácil de quitar. Deje sus joyas en casa.

✳ Una cita al final del día le garantiza una noche de buen sueño.

gazamiento anticelulitis. Pero todos tienen su línea y sus competencias para adelgazar.

> ¿Una clínica debe estar de moda y ser costosa? No necesariamente. Algunos lugares que trabajan a precios razonables tienen esteticistas competentes. E incluso las "grandes" ofrecen paquetes de descuento.

33

recurra a un cirujano plástico

Este especialista de la piel de naranja ve desfilar en su consultorio centenas de pacientes y utiliza técnicas efectivas. Para las celulitis del segundo tipo, ciertos métodos sofisticados son eficaces.

La lipólisis: sal y ultrasonidos

Después de haber delimitado las zonas celulíticas, se inyecta una solución hipotónica (menos salada que el suero fisiológico en que se bañan nuestras células). Después, se aplican ultrasonidos con el objetivo de licuar las grasas, que entonces son eliminadas en la circulación sanguínea. Balance: en unas quince sesiones, la celulitis desaparece, se estimula la circulación sanguínea, la piel se reafirma, como si se "volviera a pegar" a las zonas desincrustadas. Es un poco

● ● ● PARA SABER MÁS

> Estos métodos no representan más que una pequeña parte de las prácticas. Los consultorios de medicina plástica disponen de un amplio abanico de técnicas.

> En lo que se refiere a la celulolipólisis, el médico lleva a cabo una selección en las diferentes corrientes según la paciente, realizando un tra-

doloroso (desde la primera sesión salen moretones). Prevea 2 o 3 sesiones de mantenimiento al año.

La celulolipólisis: para las celulitis difusas

Las agujas inmensas (15 cm) impresionan, pero son tan finas y flexibles que su penetración realmente es indolora. Conectadas a una computadora, una vez que se han implantado en la zona crítica (en pares) van a transmitir diferentes tipos de corrientes eléctricas de acción variable; la electrolipólisis (corriente de fuerte intensidad) va a quemar los adipositos más cercanos; la ionización va a desalojar una parte de las células grasas; el drenaje linfático eliminará las toxinas; por último, una estimulación eléctrica va a contraer y tonificar los músculos. En 6 sesiones, se observa una sensible disminución de la celulitis, una buena eliminación y una piel tonificada.

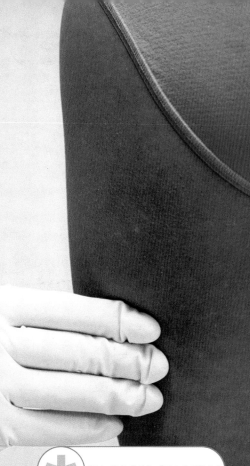

tamiento "a la carta". Las sesiones duran una hora. Prevea una o dos sesiones anuales de mantenimiento.

La musicoterapia cura a cualquier edad.

Un compositor, músico terapeuta e investigador inventó un método que ayuda a adelgazar porque actúa sobre las glándulas endocrinas.

34

¡adelgace cantando!

La voz que cura

Algunos sonidos, algunas voces, ciertas melodías nos transportan, otras nos incomodan. En el primer caso, nos relajamos; en el segundo, nos ponemos tensos. Un apasionado de la música demostró el efecto de la voz sobre las células, las glándulas endocrinas y el plexo, centro de las energías. Según sus investigaciones, cada vocal corresponde a una zona del cuerpo: la "a" tendría influencia sobre la tiroides, la "e" eliminaría las tensiones a nivel del plexo.

● ● ● P A R A   S A B E R   M Á S

> Philippe Barraqué es musicólogo, músico terapeuta, compositor y cantante. Doctorado en musicología (Universidad de París), se formó en las técnicas de relajación en Estados Unidos.

> Un estudio llevado a cabo en un centro médico que atendía a personas afectadas con la enfermedad de Alzheimer, mostró las propiedades de los sonidos vocales sobre las glándulas endocrinas.

El autor del libro titulado *La voz que cura* también lanzó un CD que se llama *Maigrir en chantant* (Adelgazar cantando).

La voz que ayuda a adelgazar

Su propósito es acompañar las dietas para adelgazar con terapia vocal. El método utiliza las técnicas psicosónicas, frecuencias que actúan sobre la capacidad que tienen las células, las glándulas y los órganos de reaccionar a los estímulos sonoros. "Al actuar sobre las diferentes funciones metabólicas y hormonales", explica el autor, "los sonidos refuerzan la eficacia de la dieta mediante una mejor asimilación de los alimentos". Al escuchar el CD, el oyente se siente transportado a un universo de sonidos sublimes. El hambre, se vuelve espiritual. Para combatir el "estado de grasa", nada mejor que el estado de gracia.

> Se observó que después de cuatro semanas de terapia mediante sonidos, el nivel de melatonina (uno de los mediadores químicos que determinan el comportamiento) había aumentado considerablemente.

 EN POCAS PALABRAS

* La musicoterapia es una medicina alternativa que se fundamenta en un equilibrio entre el cuerpo y la mente.

* Cada sonido (vocal) correspondería a una zona del cuerpo.

35

desprenda sus nódulos

La depresoterapia es el arte de dar masaje a profundidad. Contra una piel de naranja pronunciada, los aparatos de masaje como el Cellu M6, el Skin Tonic, el Z21 o el Twin Slim efectúan un masaje que desprende sus nódulos.

Un *palper-rouler* mecánico y potente

El principio de estos aparatos de los que disponen algunos médicos, kinesiterapeutas y esteticistas especialmente formados, es el mismo: efectúan un movimiento mecánico reproduciendo los del *palper-rouler*. Tonifican la piel, desincrustan los tejidos y los reafirman. El *Cellu* M6 (endermología) es el más conocido. Su cabeza de masaje, equipada de sensores,

● ● ● PARA SABER MÁS

> El éxito depende de la capacidad del terapeuta, del aparato y de la receptividad de cada cliente.

> Antes de comprometerse a 10 sesiones, haga una prueba: si es doloroso o le salen moretones, cambie de lugar.

trabaja la celulitis a profundidad y a toda potencia. Es aconsejable para las celulitis recientes y superficiales. Se usa sobre un leotardo. Las sesiones duran entre 30 y 40 minutos.

Piernas pesadas y problemas vasculares

• **El Skin Tonic** (Dermotonie, Bioderm, para los esteticistas) es ligero y manejable. El kinesiterapeuta puede conjuntar el masaje manual con el trabajo del aparato. Es conveniente, incluso para las piernas pesadas.
• **El Z 21** se aconseja para quienes sufren de problemas vasculares. Su potencia regulable lo convierte en un aparato seguro. Las sesiones son de 20 minutos.
• Más reciente, **le Twin Slim** combina la técnica mecánica de *palper-rouler* y los ultrasonidos. Garantiza buenos resultados, sobre todo al nivel de las rodillas.

> Estos aparatos ejercen una acción en profundidad que puede dañar los tejidos. En caso de tener una fragilidad en particular, no emprenda este tipo de tratamiento sin una opinión médica.

 EN POCAS PALABRAS

✳ Romper su alcancía para pagar las sesiones de depresoterapia la animará a cuidar sus hábitos.

✳ Estas técnicas implican competencia y habilidad.

36

quítese las "chaparreras"

Ese bulto sobre la parte exterior de los muslos tiene un nombre: chaparreras (en la jerga médica *esteatometría trocantérica*, ¡qué horror!). Nos obsesiona. Para reducirlas, baile al son que le toquen.

Mueva la parte inferior de su cuerpo

Hacer ejercicios que movilicen la parte inferior del cuerpo constituye uno de los mejores medios de yugular la "chaparrera". Esto concierne más que nada a los glúteos y a los muslos.

❶ De pie y de perfil cerca de una mesa, coloque una mano en el borde y la otra en la cintura. Estire lateralmente la pierna que quedó afuera, con la punta del pie sobre el suelo. Suba la pierna 20 centímetros sobre el costado. Mantenga la posición: vuelva a bajar. Exhale e inhale 10 veces. Cambie de lado. Durante todo el ejercicio, procure no mover la pelvis y dejar el talón mirando hacia el interior.

❷ Póngase a gatas, apoyándose sobre el antebrazo izquierdo. Levante lentamente la pierna derecha a la altura de la cadera cuidando que la espalda no se encorve. Bájela poco a poco, sin apoyar la rodilla en el suelo. Hágalo 10 veces. Realice una pausa respirando profundamente. Cambie de lado.

• De pie, con las piernas separadas, el torso derecho y las manos en las caderas, deje la pierna derecha estirada y apóyese sobre la pierna izquierda como si quisiera sentarse sobre el talón. Evite arquear la cintura. Hágalo 5 veces. Cambie de lado.

●●● PARA SABER MÁS

> Por la mañana y por la noche, practique un masaje local, ya sea manual (girando en el sentido de las manecillas del reloj) o con la ayuda de un roller (*véase* Consejo 30). Complemente con la aplicación de una crema adelgazante.

> Si resulta muy rebelde a sus esfuerzos, la "chaparrera" se resuelve con una liposucción (anestesia local). Si la celulitis atañe a las rodillas y al interior de los muslos, la misma intervención puede resolver diversos problemas.

EN POCAS PALABRAS

✳ Preceda cualquier ejercicio con respiración y estiramiento, con la ventana abierta.

✳ La bicicleta es también un excelente medio para evitar o reducir la redondez de las caderas.

37 reafirme su piel

El envejecimiento cutáneo a menudo va de la mano con la celulitis. No hay tratamiento anticelulítico que no reafirme su piel. Siga los movimientos y las cremas de moda.

Problema de piel: los investigadores estadounidenses han dicho lo siguiente: la celulitis sería menos un problema de peso que de piel. Para combatir esta calamidad convendría mejorar la firmeza cutánea a fin de oponerse mejor a la invasión de las células grasas. ¿Cómo reafirmar los tejidos cuando tienden a flaquear debido al sedentarismo y a la ausencia de cuidados? Primero, reactivando la circulación. Exfolie la piel, dúchela, déle masaje; todo lo que la enrojezca (sin brutalidad) es benéfico para ésta.

Los cuidados: aplique después un tratamiento para dar firmeza. Entre los más eficientes están los productos elaborados a base de extractos vegetales y marinos enriquecidos con un coctel fortificante, como gotu kola y proteínas de leche en algunas marcas de cosméticos (28% de mejoramiento de la firmeza y elasticidad en ocho semanas); también es muy eficaz un compuesto de D-panthénol, de aceite de sésamo y de ácido láctico.

● ● ● PARA SABER MÁS

> Las plantas, los extractos vegetales (soya, uva) o marinos se incluyen en la composición de los tratamientos reafirmantes. Algunos añaden antirradicales libres (vitamina E, té verde, sésamo).
> Al ser de rápida penetración, todos estos productos son muy cómodos de usar.

EN POCAS PALABRAS

✳ Los aparatos de remodelación que permiten reafirmarse desde la comodidad de su sillón son eficaces, pero esos cuidados no la dispensan de hacer deporte.

38 tonifique sus muslos

Cuando la parte interior de los muslos se afloja y la piel se abomba, el ánimo se viene abajo. Para empezar, tonifique sus músculos aductores.

Jogging, **bicicleta, natación:** en el programa de la operación "muslos irreprochables", el jogging, la bicicleta, la natación, la danza, la equitación, el esquí. Sin embargo, la gimnasia sigue siendo el medio más accesible para todas.

Gimnasia exprés, muslos delgados:
• Recuéstese sobre un costado, con la cabeza apoyada sobre la mano, doble la pierna de arriba y coloque el talón encima de la rodilla de la otra pierna. Levante esta última bien alto. Mantenga la posición durante dos segundos. Relaje, después vuelva a empezar. Cinco veces. Cambie de lado. Respire profundamente entre cada serie.
• Recuéstese sobre la espalda, con el brazo a lo largo del cuerpo, flexione las piernas, despéguelas 10 centímetros del suelo y, contrayendo el abdomen, separe los talones y vuélvalos a juntar alternadamente. Dos series de 10 veces, con una pausa.

● ● ● PARA SABER MÁS

> Para que estos ejercicios sean eficaces, realícelos lentamente, con mucha concentración, los días.
> En el gimnasio, algunos aparatos (bicicleta elíptica, máquina para aductores) dan muy buenos resultados.
> El stretching puede practicarse a cualquier edad (mejora el equilibrio y el estado de las articulaciones) y no tiene contraindicaciones.

EN POCAS PALABRAS

✳ Después de un ejercicio, un masaje local permite aplicar un tratamiento reafirmante.

✳ Sentada en su escritorio, levante los dos pies, haga una pausa y descanse.
Diez veces.

39 considere una liposucción

Veinticinco años después de su creación, la liposucción (o lipoaspiración) es una de las intervenciones plásticas más practicadas. Para una celulitis localizada, representa la solución ideal.

● ● ● PARA SABER MÁS

> La técnica de la liposucción fue perfeccionada en Francia, en 1977, por el doctor Jacques Illouz.

> En los casos de rodillas muy infiltradas, se obtienen excelentes resultados. Después de un mes, ¡podrá ponerse minifalda sin complejos!

> ¿Cómo encontrar a un cirujano plástico serio? En primer lugar, evite a los que se anuncian en las revistas.

Definitiva y gratificante

La liposucción constituye la única técnica que aporta una solución definitiva en caso de celulitis a la vez voluminosa y localizada (vientre, "chaparreras", "llantas"), siempre que logre conservar un buen equilibrio nutricional, de lo contrario la grasa se vuelve a formar... ¡ahí o en otra parte! La operación le vuelve a dar tonicidad a la piel y ejerce una acción curativa sobre la circulación (los vasos sanguíneos dejan de estar comprimidos por los nódulos celulíticos). Además, por la satisfacción que procura, aporta una apariencia joven a cualquier edad.

Buscar un profesional serio

Antaño, esta técnica estaba reservada a la grasa profunda ("chaparreras"). Hoy en día, el empleo de cánulas extrafinas y la gran competencia de los especialistas permiten tratar las celulitis superficiales sin dejar rastros. No obstante, es una operación quirúrgica que debe efec-

tuarse con rigor; la elección del cirujano es fundamental: tanto puede obtener un buen resultado que la satisfaga, como resultará un fracaso catastrófico. Hay que estar conscientes de que se trata de una verdadera intervención quirúrgica. "Aun cuando se practique con anestesia ligera, necesita antes un chequeo", precisa el doctor Alain Bzowski, cirujano plástico. Una intervención de este tipo cuesta. Pero si no aguanta más su vientre o sus muslos y si hace cuentas de lo que gasta en la sarta de cuidados anticelulíticos, ¿por qué no invertir su capital de una vez por todas?

EN POCAS PALABRAS

* La intervención quirúrgica es precedida por una cita con el cirujano y unos exámenes.

* La exposición al sol después de la intervención está contraindicada.

* Prevea una semana de descanso en casa.

Después, busque un profesional habilitado que pertenezca a un organismo reconocido por el gobierno de su país.

40 haga una cura de talasoterapia

¿Talasoterapia? Un placer puro. Además de la voluptuosidad de dejarse mimar, desaparecen los nódulos de celulitis y se aprenden buenos hábitos.

Los beneficios del agua de mar: la composición química del agua de mar es similar a la del plasma humano. Rica en minerales y oligoelementos que atraviesan fácilmente la barrera cutánea, el agua de mar regenera el organismo de manera espectacular. La mayor parte de los balnearios proponen curas de adelgazamiento anticelulitis. En el menú: impedanciometría, dieta adelgazante e hiperproteica, cursos de dietética, afusiones, cataplasmas, masajes, drenajes linfáticos, gimnasia, ejercicios acuáticos y, por supuesto, tratamientos adelgazantes y anticelulíticos.

¿Es eficaz? Sin duda. El peso que tratamos de reducir, baja, la silueta se rediseña, la piel se reafirma, el tono sube rápidamente. Volvemos a casa más hermosas y llenas de informaciones prácticas. Un signo de satisfacción es que muchas mujeres vuelven cada año.

● ● ● PARA SABER MÁS

> La presión que el agua de mar ejerce sobre la piel es benéfica para los desórdenes venosos y linfáticos.

> La cocina dietética es generosa, variada y sabrosa.

> ¿Sola o acompañada? Ir con una amiga es ideal. Pero a veces, "él" también necesita bajar de peso.

EN POCAS PALABRAS

* En ciertos periodos, los balnearios ofrecen paquetes "todo incluido".

* Debido a su densidad, el agua de mar aligera el cuerpo, permitiendo una gimnasia activa sin esfuerzos.

testimonio

acepté ciertas prohibiciones, ¡se nota en la báscula!

"Con un ritmo hiperactivo, estrés, comidas de prisa seguidas de 'buenas comilonas', me había dejado invadir por más de cuatro kilitos: una silueta globalmente más pesada, unos muslos con celulitis y la impresión de tener diez años más. Me quedaba sin aliento cuando corría para alcanzar el autobús o cuando subía las escaleras hasta el cuarto piso para cenar en casa de unos amigos.

Fui a ver a mi médico. El diagnóstico sanguíneo fue un horror: ¡colesterol y azúcar! Me refirió a un dietista, con quien definí una dieta, no de hambruna, sino una razonable. Entre los alimentos prohibidos, estaban la mantequilla (¡que además me gusta salada!), las salsas, los platillos cocidos a fuego lento y, por supuesto, ¡los pasteles de chocolate!

Al principio fue muy difícil; pero al cabo de un mes, me había deshecho de casi dos kilos; después el proceso se hizo más lento, ¡pero me sentía tan bien conmigo misma! En seis meses quemé cuatro kilos, ya no le tengo miedo a la báscula, nuevamente me queda la talla 30 y mi piel de naranja está desapareciendo en un consultorio estético. ¡Gracias, doctor!"

41 >>>

>> **Dura al tacto, a menudo dolorosa al pellizcarla**, se aloja como intrusa en zonas diversas: caderas, rodillas, glúteos, interior de los muslos, e incluso, después de los cincuenta, la parte superior de los brazos.

>>> Venga o no acompañada de envejecimiento cutáneo (es frecuente), **la celulitis "crónica" exige atención** y tratamiento a fondo.

>>>> Además del deporte y de una dieta balanceada, a menudo es necesario recurrir a un consultorio de medicina plástica, incluso de cirugía plástica. En pocas palabras, a ese grado, hay que elegir: **hacer un gran esfuerzo o seguir vistiendo ropa holgada**. La decisión es suya.

60
CONSEJOS

¿Por qué proliferaron sus células adiposas?

¿Desorden biológico, inactividad, gula, agotamiento

por cansancio excesivo, depresión? Consulte

a su médico, después acuda a un especialista

que se encargará de su problema.

41

déjese ayudar

El entrenador: haga equipo

¿Quién acude a un entrenador? A menudo, quienes abusaron de las dietas "yoyo" y ya no saben cómo manejar su cuerpo, primero para adelgazar, pero sobre todo para estabilizar su peso y recuperar la silueta. "No proponemos nada revolucionario", explica Patricia Juan (centro Du Vernet), "solamente comer de otra

● ● ● P A R A   S A B E R   M Á S

> Nuestras pulsiones alimenticias son a menudo fruto de frustraciones o descontentos; ¿de dónde cree que viene su ansia por el chocolate? Resolver el problema es alejar la tableta.

> Algunos centros marinos ofrecen curas antiestrés bajo la batuta de psicoterapeutas.

> ¿A dónde dirigirse? Pida consejo a su médico.

forma, eliminar, desarrollar músculos,
liberar los nódulos de grasa." Cada semana, se crean diferentes prototipos de
menú, se controla la pérdida de peso, se
analizan las diferencias. Con tres citas a
la semana, estará realmente bien dirigida;
con el mantenimiento, el ejercicio y el
drenaje, cada mujer se sentirá encarrilada. Un verdadero avance hacia la meta
fijada.

El terapeuta: desata los bloqueos

Cuando ya no logramos controlar una
alimentación anárquica o un estado
depresivo, acudir a un psicoterapeuta es
un verdadero recurso para salir del
pozo. Se buscan las causas, después se
tratan, ya sea en terapia del comportamiento (individual o de grupo), ya sea
con un psicólogo cuyo papel será buscar
las razones de los frenos psicológicos,
ayudar a quitar la culpa y definir las bases
de un nuevo punto de partida. Funcionan
tan bien que algunos cirujanos plásticos
tienen recursos de ese tipo para sus
pacientes antes de intervenir (en el caso,
por ejemplo, de una liposucción), sa-
biendo que de ese modo tanto su mente
como su peso obtendrán estabilidad, lo
cual les da todas las probabilidades de un
éxito total.

 EN POCAS PALABRAS

* Dejarse ayudar no es para
nada una señal de debilidad.

* En caso de sobrepeso acentua-
do, el médico puede prescribir
una cura termal especializada
con psicoterapia.

42 actualice su báscula

Subirse cada mañana a la báscula para asediar esos gramos de sobra no sirve para nada. Y aun cuando la cifra baje, ¿qué se ha perdido?, ¿grasa o agua? Un nuevo tipo de báscula le permitirá "hacer la clasificación".

PARA SABER MÁS

> Las básculas electrónicas se crearon en Japón.
> El índice de grasa corporal representa la proporción de grasa en el cuerpo. Algunos estudios han mostrado que un índice elevado de grasas por lo general se relaciona con afecciones como la hipertensión, las enfermedades cardiovasculares, la diabetes, ciertos cánceres.

El peso corregido y aumentado

Hoy en día se sabe que pesarse una vez a la semana es suficiente; hacerlo cada día no significa nada, ya que hay factores diversos (cambios en la alimentación, estrés, tránsito intestinal, ciclo menstrual) que hacen variar las cifras. Y subirse todos los días a la báscula no acelera la lipólisis. Por lo demás, hoy se sabe que el peso que se indica no tiene importancia: no distingue entre el porcentaje de la masa grasa y el de la masa muscular. Esta medida precisa se volvió posible gracias a la impedanciometría. Esta tecnología se utiliza en los servicios hospitalarios que tratan la obesidad, pero también en los centros de curas adelgazantes (curas termales o marinas, clínicas).

Impedanciometría y calorías

Es en serio: las informaciones que se obtienen son médicamente consideradas como un indicador fiable. Las básculas electrónicas de impedanciometría se han convertido en un referente obligado en materia de cura adelgazante. Cuando nos paramos sobre la báscula, una corriente eléctrica recorre el cuerpo (no se siente nada); la masa magra y la masa grasa no reaccionan de la misma manera a los microamperios; se analiza el peso total y se revela el índice de grasa corporal. El líder en la materia (Tanita) da en primer lugar un cálculo del número de calorías que hay que consumir en las siguientes 24 horas para permanecer en el peso indicado. Hay que seguirlo... sin que se convierta en una obsesión.

> Algunos impedanciómetros permiten un uso familiar (tienen una memoria), incluidos los niños, desde los siete años de edad.

EN POCAS PALABRAS

* Pésese siempre en el mismo momento del día y en las mismas condiciones (idealmente en la tarde).

* Espere entre 3 y 4 horas después de una comida para pesarse.

43

cocine rico y ligero

Para bajar de peso, hay que reconsiderar la manera de alimentase: hasta ahora, ¿cocinaba usted, quizá, sin preocuparse demasiado del equilibrio nutricional? ¡Eso debe cambiar!

La cocción es básica

Los dietistas no se cansan de repetirlo, la cocción al vapor es ligera y sabrosa: el vapor atraviesa los alimentos suavemente, asegurando una mejor conservación de las vitaminas y minerales. Conviene para todo: para la carne, el pescado, las verduras, las frutas (un durazno empapelado al horno con una pizca de canela, ¡qué delicia!). Prepare comidas ligeras; en cambio, hacia las once de la mañana tome un tentempié, y en la tarde una merienda

●●● PARA SABER MÁS

> Respete la regla de los 80/20: 80% de lo que usted come debe ser pobre en grasas y rico en azúcares lentos, proteínas, fibras, vitaminas y minerales; 20% restante debe estar representado por la carne, los productos lácteos, etcétera.

> No renuncie totalmente a lo que le gusta. Aceite de oliva, sí, pero moderadamente. Crema espesa, no, crema líquida ligera, sí (con muy poco basta).

con un té, así no llegará cansada ni hambrienta a la cena. Olvídese de los pasteles (el azúcar se transforma en grasa), coma mejor una manzana: contiene una cantidad moderada de azúcar (12%) y aporta vitaminas y minerales, sacia y ejerce una acción diurética.

Por principio, no se autocastigue

Intentar bajar de peso conduce fácilmente a negarse todo placer gustativo. A veces por una diferencia muy mínima. Es inútil condenarse a los yogures 0% si se prefieren los naturales que aportan 1 gramo de lípidos, es decir, 9 calorías más que los descremados: ¡esta insignificante diferencia corresponde a lo que le aportarían dos papas fritas o la quinta parte de una rodaja de chorizo! Sean o no descremados, los yogures tienen la misma proporción de calcio y proteínas. Evite simplemente los productos con azúcar, más calóricos (los azúcares rápidos se transforman en grasa).

> ¿Le dieron unas ganas locas de un sandwich de huevo? Tómese un vaso de agua mineral (llena el estómago), salga, vaya a la librería de la esquina, camine, vea escaparates, el objeto del deseo pronto cambiará.

EN POCAS PALABRAS

* Por la noche, tome sopa.

* Sopa adelgazante supervitaminada: 1 papa, 1/2 manojo de berros, 5 ramitas de perejil, 1 rama de estragón, 1 ramita de hierbabuena. Mezcle en la licuadora, añada un poco de crema ligera.

44

¡corra, pedalee y nade!

No es un misterio: para desechar la celulitis hay que aumentar la actividad física, no sólo con gimnasia, sino también privilegiando los deportes de resistencia.

Grasa o músculo, usted elige

Los médicos nutricionistas y los especialistas en el adelgazamiento pregonan el ejercicio físico porque saben que dondequiera que el músculo reaparezca, la grasa se eliminará. Si usted calculó su IMC (*véase* Consejo 22), sabrá cuál es su índice de masa corporal. Si es demasiado alto (más de 30) es necesario volver a balancear su alimentación; pero para que tenga la satisfacción de adelgazar y de recuperar una silueta mejor delineada,

● ● ●   P A R A   S A B E R   M Á S

> Para adelgazar las rodillas y los tobillos infiltrados, camine en la parte baja de la piscina con el agua hasta la mitad de los muslos, primero 10 minutos, después 15: un verdadero masaje anticelulitis. Termine con un masaje local aplicando una crema anticelulitis.

> Correr en grupo es más motivador. Pero si el equipo al que usted pertenece está muy bien entrenado, corre el riesgo de rebasar sus posibilidades y de tener que claudicar.

> ¿Espalda frágil? Antes de adquirir unas mancuernas, pídale un consejo a su médico.

tiene que retomar una actividad física. Para motivarse, repítase que la grasa es más voluminosa que el músculo; por consiguiente, desarrollar músculo es igual a adelgazar.

Sesiones de 40 minutos como mínimo

El ejercicio empieza en la puerta de su casa. Evite los ascensores, el coche para pequeños trayectos, las escaleras eléctricas y a las rampas móviles. Lo ideal es alternar un día gimnasia y musculación (trabajar el abdomen es preponderante), y al día siguiente un deporte de resistencia (bicicleta, natación, caminata rápida). Como para una silueta todo cuenta, es aconsejable variar las actividades: la gimnasia y la bicicleta vuelven a dibujar la cintura, desarrollan los abdominales y los glúteos, afinan los muslos y las pantorrillas. El esfuerzo debe ser progresivo, pero el objetivo, después de dos o tres semanas de haber recuperado la condición física y el aliento, es aumentar los gastos energéticos. Para que sea "rentable" una sesión debe durar de 30 a 45 minutos en intensidad media: un esfuerzo moderado de una hora es más eficaz que un ejercicio de 20 minutos a un ritmo desenfrenado. Respire bien, el oxígeno "se come" las grasas.

EN POCAS PALABRAS

∗ Toda sesión de ejercicio debe empezar y terminar con estiramientos.

∗ Para correr son indispensables unos buenos zapatos deportivos que amortigüen los impactos.

45

**ponga un
reflexólogo
a sus pies**

Con una antigüedad de 5 mil años, la medicina china cura actuando particularmente sobre la planta de los pies. El sobrepeso y la celulitis pueden tratarse con éxito cuando se actúa sobre las zonas reflejas. Una verdadera vuelta al equilibrio.

Herencia, estrés, hormonas, hábito de vida

El pie es mucho más importante de lo que creen los occidentales. La medicina china ha clasificado en él 60 puntos reflejos y ha trazado una cartografía precisa, así como más de 7 mil terminaciones nerviosas que corresponden, mediante la médula espinal y el cerebro, a todas las regiones del cuerpo. El postulado de la reflexología es que un órgano en dese-

● ● ●   PARA SABER MÁS ────────────

> La reflexología ejerce una acción sobre las grasas, aun cuando ya llevan mucho tiempo instaladas. Actúa también sobre el hambre voraz. El estado venoso y el sueño mejoran.

> Después de una sesión (45 minutos), nos podremos sentir cansados(as) o, por el contrario, muy dinámicos(as).

quilibrio modifica el campo magnético de las zonas reflejas. "El sobrepeso", explica "David Tran, reflexólogo, es el fruto de un desequilibrio energético; según las causas (herencia, estrés, hormonas, alimentación) estimulamos tal o cual punto."

> **Al principio son necesarias de tres a cinco sesiones, después basta una sesión al mes.**

La quema de lípidos

Sin importar la causa del problema, el profesional trabaja sobre la energía interior; las acciones de sobar y de presionar que efectúa en diversos puntos de la bóveda plantar estimulan los órganos afectados. Si el sobrepeso es de origen alimenticio, el profesional le dará consejos. A veces los resultados son rápidos, y la eliminación de grasas inicia después de dos semanas; a veces, la paciente no nota nada positivo... pero un mes más tarde, empieza a adelgazar. Entre los pacientes, también hay hombres (trabajo estresante, comidas de negocios).

EN POCAS PALABRAS

* Muy poco conocida entre el público en general, la reflexología es una buena respuesta a las agresiones de la vida moderna.

* Con o sin sobrepeso, las sesiones ayudan a liberar las tensiones y a renovar la energía.

* Esta práctica no se aconseja a las mujeres embarazadas.

46 ¿cincuenta años? póngase alerta

A los cincuenta años, se suben fácilmente algunos kilos, y la primera en aprovecharlos es la celulitis. Después de hacer un balance, a menudo hay que optar por nuevos hábitos alimenticios. Se puede recurrir también a los productos que drenan, con proteínas, o ambos.

● ● ● PARA SABER·MÁS

> Los laboratorios farmacéuticos y de cosmetología orientan cada vez más sus investigaciones hacia las plantas de la flora europea o hacia las especies tropicales, con virtudes frecuentemente poderosas. Hay técnicas muy perfeccionadas que permiten extraer lo mejor de la planta.

> Para fabricar músculo, el organismo necesita constantemente de

Analice la situación

Cuando llega la menopausia, la interrupción de la secreción de estrógenos es el origen del desarrollo de una grasa llamada androide. Se reparte en nuevos territorios (deslizándose, de los glúteos hacia el vientre); otros puntos estratégicos son el abdomen, los brazos, los hombros, los senos.

Entrar en los cincuenta es, en la vida de una mujer, un viraje delicado. Si bien se trata de una fase fisiológica normal, no nos sentimos muy bien con nosotras mismas. Lo primero que necesita es consultar a su ginecólogo para analizar la situación, considerar junto con él si se va a adoptar (salvo en caso de contraindicación) una terapia de reemplazo hormonal (al restablecer el equilibrio, ésta actúa favorablemente sobre el tejido adiposo). Después, es posible dejarse ayudar con productos y con intervenciones específicas.

Drenar y quemar con discernimiento

Con la edad, ya no eliminamos tan bien: el agua se infiltra en los tejidos. Aun sin aumento de peso, la silueta se achica, se vuelve pesada. El organismo necesita de una respuesta adaptada: existen complementos alimenticios para drenar (cápsulas) destinados a las mujeres que han entrado en los cincuenta. Pídale a su farmacéutico uno de estos productos específicos: son naturales, hechos a base de extractos vegetales seleccionados por sus propiedades drenantes (ñame o camote mexicano, romero, olivo, achicoria, apio) y son convenientes para una edad madura, con una cura de un mes, se sentirá más ligera. Desde el punto de vista dietético, recuerde que ya no es una chiquilla: su aumento de peso atañe a la parte inferior del cuerpo; matarse de hambre hace adelgazar la "parte superior", lo cual significa que corre el riesgo de que sus senos y rostro se cuelguen. A ese nivel del problema, quizá más valdría preguntar por una liposucción.

EN POCAS PALABRAS

* No se acaba con la celulitis a los cincuenta años de la misma forma que a los treinta

* Eliminamos mejor cuando dormimos bien: las alteraciones del sueño deben curarse.

proteínas. Las proteínas, nutrimentos "adelgazantes" por excelencia, generan una sensación de saciedad y evitan la debilidad muscular. Entrados los cincuenta, se aconsejan las proteínas de soya.

La gimnasia en el agua tiene todas las virtudes. Efectuada a baja profundidad, libera el cuerpo de su peso y le permite desarrollar músculos poco a poco. ¡Póngase el traje de baño!

47

apueste a la gimnasia acuática

Trabajar sin esfuerzo

Algo bueno: en el agua, no pesamos "nada" (20% de nuestro peso, una miseria). También los movimientos se vuelven más fáciles. Se puede, pues, aumentar la intensidad sin temor a los tirones musculares. Por consiguiente, la gimnasia acuática es perfecta para mejorar la condición física sin sufrir. Usted dispondrá de tablas, salvavidas y flotadores de espuma para trabajar sin esfuerzo. Dos sesiones por semana son ideales. Seguidas de algunos movimientos de la pelvis a buen ritmo, mejoran el estado general (circulación sanguínea a nivel de las piernas sobre todo, musculación de los brazos y de los hombros, relajación de la espalda) y afinan el cuerpo.

Especial para piernas, caderas y nalgas

• De pie, con el agua hasta la cintura, y con el pie derecho bien apoyado, separe ligeramente la pierna izquierda, estire el pie y mantenga la espalda derecha. Dando pequeños saltos sobre la pierna derecha, pase la pierna izquierda estirada delante de la derecha sin mover la pelvis, e inhale (el pie izquierdo se queda estirado).

• Siempre saltando, pase la pierna izquierda detrás de la derecha, contrayendo los glúteos y exhalando. Repita 20 veces para cada pierna.

● ● ● PARA SABER MÁS

> Sea constante. Si puede aumentar el número de sesiones a tres, incluso a cuatro por semana, los resultados serán rápidamente visibles.

> Después de la ducha, regálese un masaje con una crema hidratante adelgazadora.

EN POCAS PALABRAS

* Si detesta el olor a cloro, algunos clubes utilizan esencias de pino y de cedro.

* En los centros de talasoterapia se aprecia mucho la gimnasia acuática.

48

aproveche la mesoterapia

Esta técnica estimula la circulación sanguínea y drena las toxinas. El *mesolift* mejora el efecto piel de naranja y tonifica la piel, mientras que el Mesolyse logra hacer perder de 2 a 5 cm de diámetro de muslo.

Para afinar los muslos

Pica un poco, pero es eficaz. En un principio terapia médica, hoy en día la mesoterapia se usa en el ámbito estético contra la caída de cabello y las acumulaciones celulíticas. Esta técnica local usada en la medicina del deporte y para aliviar ciertos dolores (artrosis, migrañas...) le conviene sobre todo a las celulitis acompañadas de trastornos circulatorios.

●●● PARA SABER MÁS

> La mesoterapia es particularmente eficaz para las mujeres jóvenes. Es muy valiosa contra las "chaparreras".

> Prevea entre diez y doce sesiones (una a la semana), después, algunas sesiones de mantenimiento cada año. Cada sesión dura alrededor de 15 minutos.

Con la ayuda de una pistola, el médico realiza microinyecciones de productos que drenan, cafeína o compuestos homeopáticos. Resultado: se reactiva la circulación sanguínea y se drenan las toxinas, lo que se traduce en un mejoramiento visible de la celulitis.

Unos centímetros menos

Hay dos tipos de cuidados prácticos: el Mesolift (una sola aguja) con la circulación en la mira, y el Mesolyse (varias agujas) que quema las grasas. Los médicos que practican estas técnicas por lo general lo explican desde la primera sesión: para obtener buenos resultados, es indispensable reducir al mismo tiempo los aportes alimenticios en grasas y en azúcares (¡lógico!). El envite merece un esfuerzo: siendo razonable, tenemos buenas posibilidades de ver el diámetro de sus muslos reducirse en varios centímetros, y la piel perder su aspecto de piel de naranja.

> Asegúrese de que la persona que se la practique utilice agujas desechables o sólo para usted.

EN POCAS PALABRAS

* Las inyecciones no duelen, pero si no soporta las agujas, ni lo intente.

* Para que la mesoterapia sea eficaz, es indispensable balancear su alimentación: menos grasas, menos azúcares.

49

domine lípidos y glúcidos

Las grasas y los azúcares, no nos cansaremos de decirlo, hacen fructificar alegremente sus nódulos de celulitis. Por consiguiente, usted debe limitar su consumo. Para resistirlas mejor, descubra por qué le gustan tanto.

Los lípidos, desaceleradores de la digestión

El organismo humano no puede vivir sin materias grasas porque desempeñan un papel estructural y energético. Hasta la más mínima célula de nuestro cuerpo está rodeada de una fina película de lípidos: es la membrana celular. Concentradas de energía, las materias grasas son dos veces más calóricas que los carbohidratos y los prótidos; muy útiles, las grasas transportan ciertas vitaminas (E, A, D) con virtudes antienvejecimiento.

● ● ● PARA SABER MÁS

> Los cereales y las papas no engordan si la cantidad consumida y el aderezo son razonables.

> Consumir pan, pastas, arroz y papas reduce automáticamente el consumo de azúcares simples y de materias grasas, lo que mejora el equilibrio alimenticio.

> De cada 100 g de carbohidratos consumidos, 60 g se almacenan en el hígado (energía), 25 g se usan para el cerebro, los riñones y los glóbulos rojos; por último, 15 g se almacenan en el músculo para sus necesidades inmediatas y una parte se transforma

Los lípidos son también buenos reguladores del hambre: la digestión de las grasas es larga, de ahí una saciedad prolongada que se combina con una glicemia estable. He ahí la razón por la cual un guisado de ternera a la crema "llena el estómago" más agradablemente que un filete de lenguado al vapor. ¿Cuál es el quite? Elegir un acompañamiento de pasta, por ejemplo, en el que los azúcares lentos sacien por más tiempo.

Los carbohidratos: dulzura recuperada

Se les llama también azúcares. Los hay de dos tipos: los *azúcares simples* (sacarosa, fructuosa y glucosa presentes en el azúcar y las cosas dulces como las golosinas, mermeladas, miel, frutas), y los *azúcares complejos*, el almidón (arroz, pan, pasta, papa, leguminosas) y los carbohidratos no digeribles (fibras de frutas, de verduras, de cereales). Los azúcares simples,

horriblemente tentadores, tienen un sabor a infancia: por ello siempre caemos. Pero tienen el poder de transformarse en grasas ("¡un segundo en la boca, toda la vida en las caderas!"). ¿Cómo resistir? Aumente su consumo de azúcares complejos: sin riesgo para la línea, actúan de manera favorable sobre la secreción de serotonina, molécula del buen humor. ¡Uf!

en grasas como reserva de energía; si no quemamos ni un gramo, ¡la figura lo paga!

EN POCAS PALABRAS

* El aporte en lípidos debe ser variado (aceites, mantequilla).

* Los carbohidratos proporcionan una energía inmediata, indispensable para la actividad muscular y cerebral.

50 ¡dése masaje!

El masaje a la piel de naranja debe efectuarse sobre una piel seca o, para las que tienen más prisa, en la ducha. Luego aplique tratamientos eficaces.

El masaje: se conoce por su eficacia en el adelgazamiento local. Mejora la microcirculación, reactiva los intercambios celulares y prepara la piel para la aplicación del tratamiento. En las farmacias se pueden encontrar sistemas de masaje activadores-modeladores integrados por un guante y un jabón. Mediante sus picos cortos y redondos, el guante produce un movimiento de pulsión-aspiración; sus orificios dejan pasar una espuma activa a base de extractos vegetales drenantes y desincrustantes. Para las mujeres con una epidermis frágil, en los pasillos de belleza de los supermercados venden flores de tela que sacan espuma al jabón y practican una exfoliación suave: luego, todo tratamiento corporal penetra fácilmente.

Los tratamientos: después utilice los tratamientos procedentes de las investigaciones de los laboratorios; los encontramos en forma de gel. Uno, a base de cafeína, contiene un agente antidesecante que favorece su penetración en el núcleo de los nódulos de celulitis; otro actúa en tres frentes celulíticos: antigrasa, desincrusta y activa la microcirculación local.

● ● ● PARA SABER MÁS

> Si usted tiene las piernas frágiles (varicosidades, várices), déles masaje suavemente de abajo hacia arriba.

> Para dinamizar la circulación, el movimiento debe hacerse con regularidad, horizontalmente, luego de abajo hacia arriba, por último, con un movimiento circular ligero.

✱ EN POCAS PALABRAS

✱ Seque cuidadosamente su piel, sin frotarla.

✱ Termine aplicando una crema hidratante para adelgazar.

51 no se dé por vencida

Cuando los resultados se estancan a pesar de todos sus esfuerzos, la voluntad tiende a flaquear. Para evitar desmoronarse, lleve a cabo algunos proyectos.

Decepción: después de tres semanas de prudencia alimenticia y de actividad física con desarrollo muscular, usted se siente más ligera, más en forma también. Pero los tres kilos que esperaba bajar se reducen a la ridícula cantidad de 500 gramitos y, a pesar de las cremas, el nódulo de celulitis permanece visible, sensible. Total, que no es lo que usted esperaba.

Nada más normal: la celulitis presente en las fibras desde hace meses, incluso años, no desparece tan fácilmente. La celulitis y el sobrepeso crónicos no se eliminan en unas cuantas semanas. ¿Se está estancando el físico? Recurra a la mente. Cuestiónese. Si el balance del programa que usted emprendió sola la decepciona, quizá haya llegado el momento de elegir un método más agresivo: buscar un entrenador, ver a un psicólogo, emprender una cura marina o pedirle a su banco un pequeño préstamo para una cirugía plástica.

● ● ● PARA SABER MÁS

> Salir de la rutina para emprender algo nuevo tiene siempre un efecto tónico en el plano mental; y como el físico es el resultado de la mente…
> Las leyes que rigen el almacenamiento de nuestras grasas no tienen compasión: podemos bajar de peso, conservar un equilibrio durante algunos meses, y ¡volver a subir dos kilos en una semana al menor descarrío!

EN POCAS PALABRAS

* Las curas marinas en playas cuando en nuestro país es invierno son doblemente motivadoras: adelgazamos y nos bronceamos.

* No se odie a sí misma por no estar en la cima, ¡no sirve de nada!

52

apueste
a las nuevas
técnicas

Para desprendernos de la celulitis, los consultorios esteticistas y los kinesiterapeutas disponen de aparatos eléctricos muy eficaces. ¡Prevea un presupuesto suficiente y láncese!
Sus adipocitos lo van a odiar.

Las armas anticelulitis

Para actuar sobre las celulitis crónicas, hay que vaciar los adipocitos de sus excedentes grasos, o bien suprimirlos mediante cirugía. Si le asusta el bisturí, confíe en las nuevas técnicas. Según la naturaleza de las sobrecargas celulíticas, debe elegir tal o cual aparato. Con el kinesiterapeuta o en el consultorio esteticista, el Twin Slim asocia la técnica de *palper-rouler* y los ultrasonidos (20 minutos para cada uno). Tres geles se aplican sucesivamente sobre la piel para drenar, eliminar las grasas y

● ● ● P A R A   S A B E R   M Á S

> El objetivo de estas técnicas es esculpir la silueta, lo cual no puede hacerse rápidamente, ni sin una prudencia alimenticia.
> El Prus funciona muy bien sobre las celulitis no muy avanzadas (tejidos o pieles jóvenes). Concierne a las mamás jóvenes:

pero si ha habido varios embarazos, hay que trabajar por capas sucesivas. Sin embargo, el efecto es perceptible desde la primera sesión.
> Es necesario beber mucha agua para mejorar la eliminación.

reforzar la elasticidad de la piel. Después de cada aplicación, los ultrasonidos se usan para acelerar la penetración. Por último, se masajea con un desincrustante.

Los ultrasonidos, lo más avanzado

De moda por un tiempo, abandonados luego, ahora regresan con aparatos sofisticados. Para las celulitis de tipo 2, algunas clínicas usan el Body Sculptor; este aparato asocia un campo electromagnético y un campo electroestático que inducen un efecto de fragmentación de la grasa (ya no hay más necesidad de masajear) y ejercen una acción en profundidad sobre la estasis acuosa. Así se logra vaciar a los adipocitos. La técnica tiene éxito en las mujeres con mucho estrés, incluso sobre las "chaparreras" y las "llantas" situadas justo arriba de la cintura. En otros lugares, se usa el Prus, el más reciente de los aparatos vibradores. La técnica conjunta la acción del palper-rouler con la de los ultrasonidos, que "rompen" las toxinas; después un drenaje las elimina. Otro aparato, el Electro Lypolise, desincrusta mediante la estimulación. Finalmente, una técnica consiste en calentar el músculo; otra corriente lo obliga a contraerse y se termina por un estiramiento, como en una sesión de gimnasia. Esta técnica es útil sobre todo para las mujeres que, por carecer de tiempo real, no "se mueven".

 EN POCAS PALABRAS

* Para tener éxito, a la inversión financiera hay que añadirle una inversión personal (hábito de vida global).

* ¿Es caro? Quizá, pero más vale lucir delgada en unos *jeans*, que rellenita en un vestido nuevo.

53

trabaje sus abdominales sin dolor

Una pared abdominal relajada le redondea el vientre. Añádale un poco de celulitis, y es un horror. Desarrolle músculo, así quemará grasa. Con movimientos estudiados, no hay riesgo de lumbago.

Dos movimientos suaves

❶ Siéntese en el borde de una silla, con la espalda derecha y ligeramente inclinada hacia atrás; despegue los pies apretando las rodillas. Descanse después de 20 segundos. Hágalo 10 veces al día como mínimo.

❷ Póngase de pie contra una pared, con el mentón hacia dentro, los pies separados de 30 a 40 cm, los talones a unos 20 cm de la pared, y suma el abdomen. Apriete los glúteos y contraiga los músculos del perineo. Relaje. Repita 10 veces.

Esculpa su abdomen sin correr riesgos

En las tiendas de artículos deportivos y en venta por correspondencia, se puede encontrar un aparatito genial y poco estorboso que permite trabajar los músculos abdominales con toda seguridad. El *ab-shaper* consiste en un asiento sobre el cual se apoya la espalda, y en dos brazos metálicos para hacer palanca; se colocan la cabeza y el cuello sobre un cojín, se despega la parte superior del cuerpo sin correr el riesgo de dolores cervicales o dorsales. Bastan algunos minutos al día para que los músculos se refuercen y el abdomen se esculpa. Un librito o un casete de acompañamiento sirven de guía. Los deportistas los utilizan en sesiones de entrenamiento.

PARA SABER MÁS

> Es importante trabajar a la vez los abdominales superiores, inferiores y laterales (que adelgazan la cintura).

> Cualquier ejercicio debe efectuarse lentamente, sin forzar. En caso de dolor, suspenda; si el dolor persiste, consulte a su médico.

> Respire lentamente, sin bloquear al inhalar ni al exhalar.

EN POCAS PALABRAS

∗ 10 minutos cada mañana que le quitan 10 años, ¿se le ocurre algo mejor?

∗ Una buena pared abdominal le dará una silueta más derecha.

54 inscríbase en stretching

Las clases de stretching se multiplican. Esta disciplina aporta poco a poco relajación y bienestar. Es ideal contra la celulitis.

Estírese, relájese: la vida moderna nos aleja de la percepción de nuestro cuerpo. El *stretching* (*to stretch* = "estirar") se propone ayudarle a desarrollar poco a poco posturas que, entre otros beneficios, van a reavivar su actividad sanguínea y linfática, tonificar su sistema muscular, estirar su silueta. Lo ideal es que elija una clase en la tarde, momento más propicio para

la relajación. Todo se desenvuelve en una atmósfera amistosa, los movimientos hacen el resto: media hora basta para estar totalmente relajada.

Una nueva serenidad: estiramientos suaves, respiración lenta... algunos ejercicios relajan una espalda con nudos, otros procuran energía, otros más restauran la flexibilidad. Realizados individualmente o en pareja, tienen el efecto de aportar una serenidad desconocida, una calma que la ayudará en lo cotidiano. Y hay que constatar que el apetito se apacigua, y las ganas de estar "picando" desaparecen.

●●● PARA SABER MÁS

> **El stretching aporta un equilibrio global; modifica la forma de ser y permite anticiparse con calma.**

> **Durante el día haga pausas de algunos segundos para realizar una postura respirando profundamente.**

 EN POCAS PALABRAS

＊ Un método para estar bien en mente y cuerpo.

＊ Todas las posturas deben realizarse respirando profundamente.

55 póngale salsa

Reducir los aportes en grasas significa olvidarse de la mantequilla, del aceite "en cantidades industriales" y de la mayonesa. Para conservar el sabor, nada mejor que los condimentos y las salsas sazonadas.

Revise el fondo de su alacena: el filete de pescado al limón cansa muy pronto. Por tanto, hay que sazonar más las preparaciones y los acompañamientos. Recurra a hierbas como: perejil, perifollo, cebolleta, estragón y albahaca. No olvide los condimentos: hay mostazas de todo tipo. Las alcaparras, pepinillos y encurtidos deben estar presentes en su alacena, así como los vinagres de sabor fino. También son esenciales la pimienta de cinco bayas en molino, la paprika, la pimienta de Cayena; con todo eso usamos menos sal, lo cual resulta conveniente para nuestros pliegues de gordura.

Salsa peso pluma:
• Salsa de tomate: a dos tomates quíteles la piel y despepítelos; corte la pulpa en pedazos pequeños; añada una yema de huevo duro aplastada en puré, una hoja de apio picada y una gota de aceite de oliva. Agregue pimienta y mezcle.

● ● ● PARA SABER MÁS

> **Un tazón de arroz al curry está lo suficientemente aromatizado para prescindir de cualquier añadido.**
> **La crema ligera permite preparar una salsa para las "manzanas al vapor" (con una pizca de nuez moscada).**
> **El hinojo le da un delicioso sabor de anís a las ensaladas.**

EN POCAS PALABRAS

✳ Las vinagretas bajas en calorías contienen tres veces menos materias grasas que una vinagreta normal.

✳ Busque sémolas aromatizadas: el vapor les basta.

En materia de esbeltez, se oye de todo. Una teoría descarta a otra. ¿Qué hacer para no perderse en la jungla de prejuicios sobre la alimentación y la vida saludable?

56

distinga lo verdadero de lo falso

La alimentación

"Saltarse el desayuno hace que engordemos." VERDADERO. Hay muchas posibilidades de que caigamos en tentación por una golosina durante la mañana.

"Una bebida *light* no le aprovecha a la celulitis". FALSO. Mantiene el sabor por el azúcar y desencadena la secreción de insulina que frena la pérdida de peso.

"Comer a una hora fija es bueno". VERDADERO. El organismo tiene memoria. Si nunca sabe a qué hora le toca comer, se pone a almacenar.

● ● ● PARA SABER MÁS ─────────

> Una alimentación rica en nutrientes y pobre en calorías favorece el adelgazamiento.
> Mastique bien. Una comida no debe durar menos de veinte minutos, de lo contrario, coma lo que coma, usted no alcanzará el umbral de saciedad.

> La caminata rápida y el jogging reactivan la circulación venosa, ya que la planta de los pies recibe un masaje con cada pisada.

"Los complementos alimenticios y pro-teínicos en polvo son lo mismo". FALSO. Los complementos alimenticios contie-nen solamente proteínas.

"El azúcar pone de buen humor". VER-DADERO. El azúcar favorece la secre-ción de serotonina, molécula del humor.

La actividad física

"Los ejercicios de pesas hacen que en-gordemos". FALSO. Un kilo de músculo ocupa menos volumen que un kilo de grasa.

"El sauna no actúa sobre la piel de naranja". VERDADERO. Hace sudar; se eliminan toxinas y agua, sin una acción real sobre las acumulaciones grasosas.

"Sólo las pesas pueden volver a tensar la grasa del brazo". FALSO. Los estira-mientos son excelentes y sin riesgo de inflamación de las articulaciones.

"Una persona sedentaria utiliza aproxi-madamente 8 litros de aire por minuto,

un deportista más". VERDADERO. Un deportista consume casi el doble de aire.

"Correr no ejerce ninguna acción sobre el cerebro". FALSO. Durante el esfuerzo, éste secreta endorfinas, moléculas con poder euforizante y relajante.

> **La bicicleta refuerza los músculos de las piernas y adelgaza rodillas y tobillos.**

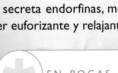

EN POCAS PALABRAS

* El deporte ayuda a reforzar la eficacia de una dieta. No hace que adelgacemos, pero vuelve a apretar los tejidos y reduce las líneas.

57 considere la ayuda adelgazante

Los complementos adelgazantes a base de plantas, incitan a beber: una cápsula es un vaso de agua, una ampolleta es una botella que vaciar a lo largo del día. Tienen un efecto drenante, frenan el apetito, disminuyen la absorción de las grasas... hay tantas ayudas adelgazantes.

● ● ● PARA SABER MÁS

> Todos los envases lo precisan, pero por qué no recordarlo: "Estas especialidades se utilizan tradicionalmente para facilitar la pérdida de peso como complemento de medidas dietéticas."

> Los productos adelgazantes de uso interno no están destinados a los niños. Manténgalos fuera de su alcance: ciertas grageas y paquetes con colores llamativos tal vez parezcan golosinas.

Los drenantes

Las cápsulas o las soluciones en ampolletas tienen como objetivo estimular la microcirculación sanguínea y linfática, desechar las toxinas, eliminar los desechos y el agua atrapada en los tejidos. Entre sus compuestos (cada laboratorio tiene su propia estrella), los vegetales poseen su vedette: extractos de uva entera, té verde, piña (ananá), plantas diuréticas y depurativas, ortosifón, reina de los prados, lampazo, vellosilla, brezo, hinojo, fresno, diente de león... También hay algas, cuyas fibras absorben el agua durante la digestión. Asimismo, son prácticas las soluciones drenantes con aromas de frutas para diluir y los jugos de plantas (piña): su agradable sabor incita a beber durante el día.

¡Abajo el hambre voraz!

¿Cómo calmar el hambre voraz? Las cápsulas pueden ayudar, por ejemplo, pues intervienen sobre la serotonina; el altramuz o lupino y el konjac o glucomanano dan una sensación de calma y saciedad; la garcinia apacigua las ganas de azúcar. Algunos de estos moderadores de apetito existen en sobres de granulados. La pectina de la manzana modera el apetito, prolonga la saciedad y ayuda a reducir el peso sin matarla de hambre.

Las antigrasas

Los productos de uso interno permiten eliminar las grasas de reserva. Entre los más recientes, hay uno a base de guaraná y de limón, rico en vitaminas y minerales, estimula las funciones digestivas, aumenta el metabolismo y favorece la combustión de la grasa; acompañado de un gel, reafirma los tejidos. Otro aliado, el té verde, acelera la combustión de las grasas. El té virgen tiene sus adeptos, como el chitosán, fibra de origen marino capaz de absorber y eliminar hasta 12 veces su volumen en grasas.

 EN POCAS PALABRAS

* Beber es fundamental para eliminar los desechos.

* Es inútil hacer malabarismos con varios productos, el efecto adelgazante no va a aumentar.

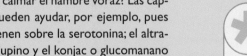

> Sea cual sea su entusiasmo por adelgazar, tome estos complementos alimenticios en curas limitadas.

58

ocúpese de sus rodillas

¡Qué horror!, ya no están torneadas. Abotagadas, sus rodillas la condenan a usar pantalones y faldas largas. ¡Póngalas en movimiento, déles masaje, fastidie a esos nódulos que tanto las afean!

Escaleras y flexiones

Subir las escaleras manteniendo el cuerpo erguido y estirando bien la pierna en cada escalón es un ejercicio de gimnasia útil que hace trabajar a los músculos y a las articulaciones; toda la pierna saca provecho. En la cocina, procure no doblarse en dos para recoger un pedazo que ha caído en el suelo, gesto desagradable que hacemos diez veces al día sin pensarlo: daña las vértebras y no es muy elegante que digamos. Doble las rodillas, lentamente; al bajar, mantenga la espalda bien derecha y contraiga los abdominales; vuelva a subir igual de lento relajando su vientre. Este ejercicio, que los estadouni-

denses denominan la gimnasia del queha-
cer es excelente.

Afinar las rodillas

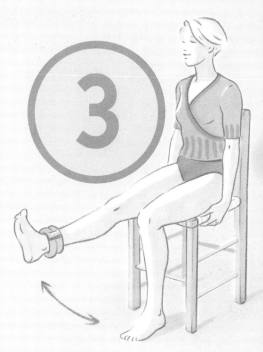

① Con zapatos bajos, póngase de pie, use
una mano para apoyarse de lado contra
una pared, suba la pierna derecha doblada
por delante de usted, inhale; estírela y
exhale. Hágalo 12 veces para cada pierna.
② Recuéstese, con las manos bajo la
nuca, la cintura bien pegada al piso,
levante sus piernas y pedalee hacia el
techo exhalando y sumiendo el vientre.
Haga tres series de 10.
③ Siéntese en una silla, con la espalda
pegada al respaldo y las manos agarradas
del asiento; colóquese un lastre de 500 g
en el tobillo; estire la pierna, después
doble la rodilla a un ritmo bastante y
exhale. Haga tres series de 20 flexiones
para cada pierna, tres veces por semana.

● ● ●   P A R A   S A B E R   M Á S

> La bicicleta y los ejercicios que se hacen en el agua esculpen la rodilla
sin cansancio: en una piscina o en el mar, camine con el agua hasta la
mitad del muslo (10 minutos).

> Una rodilla muy abotagada
constituye motivo de consulta para
una cirugía plástica: liposucción
le devolverá el gusto por las faldas
cortas (*véase* Consejo 39).

E N   P O C A S   P A L A B R A S

✳ Después de un ejercicio, déle masaje a
su rodilla con una crema adelgazante
e hidratante. La bicicleta reduce la
celulitis de la rodilla.

Cada vez más, los centros termales ofrecen curas anticelulitis. Algunos tienen una larga experiencia en adelgazamiento. Otros son innovadores. Un camino que es más claro que el agua.

59

"desnódulese" en una cura termal

¡Sus kilos al agua!

En algunos lugares de aguas termales se trata el sobrepeso desde hace mucho tiempo. Pero los centros termales ya pasaron a un nivel superior en materia de adelgazamiento. La agüista no sólo se beneficia de la acción específica del agua termal, sino que también encuentra un arsenal de todos los tratamientos actuales: cellu M6, masajes adelgazantes, iniciación dietética, etc. Otros lugares

● ● ● PARA SABER MÁS ─────────

> Los centros termales de la prehistoria han muerto; ahora son animados y los hoteles son de muy buena calidad.

> Cuando el hospedaje resulta costoso o cuando se está en pareja (un agüista y un no agüista), alquilar un cuarto en los alrede-

dores del centro es una solución excelente.

> En los casos de verdadera obesidad o de piernas pesadas, ciertas curas pueden tomarse bajo prescripción médica.

incoluso añaden baños en aceites esenciales, gimnasia acuática y cataplasmas. Todos estos centros cuentan con un chef que elabora minuciosamente menús adelgazantes con deliciosos sabores. Podemos perder así 2 kilos en seis días y volver a casa reafirmadas. Se aconseja para las que tienen los nódulos de celulitis incrustados.

Gas y Z21

Hay algunas clínicas que han innovado con un tratamiento a base de duchas, masajes, baños de burbujas, y sobre todo inyecciones subcutáneas de gas termal, con efectos beneficiosos para la microcirculación venosa y arterial. La piel se infla, ¡es espectacular! Las insuflaciones se complementan con sesiones de Z21 (técnica de *palper-rouler*), duchas a chorro, baños en agua termal, sesiones de gimnasia y de entrenamiento cardiovascular. En una semana, es posible lograr una reducción de 1.5 cm de diámetro de muslo. Los resultados se mantienen durante varios meses y la insuficiencia venosa mejora notablemente. Este tratamiento se efectúa bajo control médico.

EN POCAS PALABRAS

* Al igual que la cura marina, la cura termal adelgazante es una escuela de vida saludable.
* Las curas son cosa seria. Ciertos cuidados deben practicarse bajo control médico.

60 ¡dése gusto!

Ha bajado de peso, ¡bravo! Sus nódulos celulíticos han desaparecido, pero algunas zonas permanecen imperfectas. En vez de matarse de hambre, ¿por qué no se escucha a sí misma?

Exigencia: exigentes por naturaleza, las mujeres se fijan metas difíciles de alcanzar. Razonemos. No se adelgaza a los 40 años de la misma forma que a los 20. De pronto, se tiene ganas de abandonarlo todo. No preocuparse, ¡qué tranquilidad!

Modérese. Psiquiatra especializado en los trastornos del comportamiento alimenticio, el doctor Apfeldorfer, autor de *Maigrir c'est dans la tête* (Adelgazar está en la cabeza), constata: "Muchas mujeres viven su búsqueda por adelgazar como un combate, mientras que para triunfar, hay que escucharse." Sea menos estricta: de cuando en cuando, coma lo que le gusta. Ya ha ganado la primera mano. Dése gusto regalándose ese trajecito que le encanta. En una palabra, quiérase.

● ● ● PARA SABER MÁS

> Para muchas candidatas a ser delgadas, el peligro consiste en pasar de la despreocupación a un control absoluto. El triunfo necesita una búsqueda progresiva de equilibrio.

> Es común observar una pequeña interrupción en el proceso de adelgazamiento; algunas semanas después, si continúa razonablemente con sus esfuerzos, se observa un segundo mejoramiento.

EN POCAS PALABRAS

* Cada mujer debe encontrar su propio equilibrio y condición física.

* También es sano darse gusto comiendo.

testimonio

"Cuando empezamos a ponernos blusa y camiseta por encima de la falda o el pantalón, hay un problema: el vientre. Sin embargo, eso hice hasta mis 45 años, después de tres embarazos. Entonces me di cuenta de que eso me hacía ver 10 años más vieja. El cirujano plástico que consulté fue muy claro: en mi caso, una liposucción sería la mejor y más segura de las soluciones. Eso implicaba un presupuesto muy alto; así que decidí esperar para cambiar mi coche, diferir las compras de ropa e idas al peluquero: viéndolo bien, más vale estar delgada con jeans y un corte de pelo descuidado, que ser una gorda con un traje de moda. Conocí a un cirujano plástico. La primera cita me convenció y empecé a ir con toda confianza. Exámenes, fotos, análisis, una mañana me encontré en el quirófano: anestesia general, dos días en la clínica, una semana en casa, una faja y, por fin, un vientre perfecto. Dentro de seis meses, le confiaré mis rodillas al mismo doctor. Hoy, hacemos un equipo."

guía de plantas medicinales

En esta tabla hemos incluido los nombres científicos de cada planta para que usted pueda conseguirlas en cualquier región de América Latina, independientemente de sus nombres comunes locales.

Nombre común	Nombre científico	Nombre común	Nombre científico
abedul	Betula alba	monogononos	Terminalia sericea
achicoria	Chicorium intybus	naranjo	Citrus aurantium
agrimonia	Agrimonia eupatoria	nectarina	Prunus persica var. Nectarina
albahaca	Ocimum basilicum	ñame mexicano o wild yam	Dioscorea villosa
albaricoque o chabacano	Prunus armeniaca	olivo	Olea europeae
alcachofa	Cynara Scolymus	ortosifón o té de java	Orthosiphon arstatus
alcaparra	Capparis spinosa	papa	Solanum tuberosum
berros	Rorippa nasturtium-aquaticum	pasiflora	Pasiflora edulis
brezo	Calluna vulgaris	pepinillos	Cucumis sativus
castaño de indias	Aesculus hippocastanum	pera	Pyrus communis
cebolleta	Allium cepa	perejil	Petroselinum crispum
cereza	Prunus avium Prunus cerasus	perifolio	Anthriscus cerefolium
ciprés	Cupressus sempervirens	pimienta de cayena	Capsicum annum
ciruela	Prunus domestica	pimienta de cinco bayas	Piper nigrum
cola de caballo	Equisetum spp.	piña o ananá	Ananás sativus
diente de león	Taraxacum officinale	puerros o poros	Allium ampeloprasum var. porrum
espinacas	Spinacea oleracea	quelpo rugoso o laminaria	Laminaria digitata
estragón	Artemisia dracunculus	quina	Cinchona spp.
frambuesa	Rubus idaeus	rábanos	Raphanus sativus
fresa	Fragaria vesca	regaliz u orozus	Glycyrrhiza glabra
fresno	Fraxinus spp.	reina de los prados	Spiraea ulmaria, Filipéndula ulmaria
geranio de olor	Pelargonium graveolens	retama negra	Spartium scoparium
gotu kola	Centella asíatica	romero	Rosmarinus officinalis
guaraná	Paullinia cupana	ruibarbo	Rheum officinale
guisantes o chícharos	Pisum sativum	rusco	Ruscus aculeatus
hiedra	Hedera helix	salvado de trigo	Triticum aestivum
higo	Ficus carica	salvia	Salvia sclarea, Salvia officinalis
hinojo	Foeniculum vulgare	soja (soya)	Glycine max
judías o frijoles	Phaseolus vulgaris	tamarindo	Tamarindus indica
konjak o glucomanano	Amorphophallus konjak	té verde	Camellia sinensis
lampazo mayor o berdana	Arctium majus, Arctium minus	tila	Tilia platyphyllos
lentejas	Lens esculenta	tomate o jitomate	Lycopersicum sculentum
limón	Citrus aurantium	tomillo	Thymus vulgaris
manzana	Malus domestica	toronjil morado o melisa	Melissa officinalis o Agastache mexicana
maracuyá	Passiflora edulis	uña de gato o liana de Perú	Uncaria tomentosa
mejorana	Origanum mejorana	uva o vid roja	Vitis vinifera
melocotón o durazno	Prunus persica	valeriana	Valeriana officinalis
menta o hierbabuena	Mentha piperita	velosilla	Hieracium pilosella

índice alfabético

Marabout...

Adelgazar

60 consejos con respuestas adaptadas a sus necesidades

Dolores de cabeza

60 consejos con respuestas adaptadas a sus necesidades

Anti-alergias

60 consejos con respuestas adaptadas a sus necesidades

Anti-dolor

60 consejos con respuestas adaptadas a sus necesidades

Anti-edad

60 consejos con respuestas adaptadas a sus necesidades

Menopausia

60 consejos con respuestas adaptadas a sus necesidades

Piel bella

60 consejos con respuestas adaptadas a sus necesidades

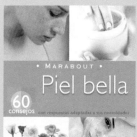

Sexualidad

60 consejos con respuestas adaptadas a sus necesidades

Piel y sol

60 consejos con respuestas adaptadas a sus necesidades

es tu secreto

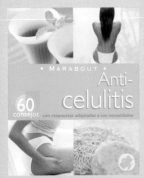

· MARABOUT ·
Anti-celulitis
60 consejos
con respuestas adaptadas a sus necesidades

· MARABOUT ·
Anti-colesterol
60 consejos
con respuestas adaptadas a sus necesidades

· MARABOUT ·
Anti-depresión
60 consejos
con respuestas adaptadas a sus necesidades

· MARABOUT ·
En buena forma
60 consejos
con respuestas adaptadas a sus necesidades

· MARABOUT ·
Fertilidad
60 consejos
con respuestas adaptadas a sus necesidades

· MARABOUT ·
Anti-estrés
60 consejos
con respuestas adaptadas a sus necesidades

· MARABOUT ·
Sueño de ensueño
60 consejos
con respuestas adaptadas a sus necesidades

· MARABOUT ·
Vientre plano
60 consejos
con respuestas adaptadas a sus necesidades

MARABOUT

créditos

Traducción y adaptación:
Ediciones Larousse con la colaboración del Instituto Francés de América Latina (IFAL) y de Sandra Strikovsky.

Revisión técnica en plantas medicinales:
Biólogos Miguel Ángel Gutiérrez Domínguez y Yolanda Betancourt Aguilar.
Jardín Botánico Universitario de Plantas Medicinales de la Universidad Autónoma de Tlaxcala.

Créditos fotográficos
Fotografías de portada: sup. izq. M. Kawana/Photonica; sup. der. R. Daly/Getty Images; inf. izq. S. Lancrenon/Marie Claire; inf. der.: K. Reid/Getty Images; pp. 8-9: H. Scheibe/Zefa; pp. 10-11: P. Curto/Getty Images; p. 13: Miles/Zefa; pp. 14-15: P. Leonard/Zefa; p. 17: B. Erlinger/Zefa ; p. 19: Ansgar/Zefa; pp. 20-21: Neo Vision/Photonica; pp. 24-25: B. Shearer/Option Photo; pp. 26-27: Neo Vision/Photonica; p. 28: K. Reid/Getty Images; p. 35: V. Besnault/Getty Images; pp. 38-39: Davies y Star/Getty Images; p. 43: L. Adamski Peek/Getty Images; p. 44: Neo Vision/Photonica; pp. 48-49: M. Kawana/Photonica; p. 51: Emely/Zefa; p. 53: Neo Vision/Photonica; pp. 54-55: Chabruken/Getty Images; p. 57: B. Yee/Photonica; p. 58: L. Beisch/Getty Images; pp. 62-63: E. Deshais/Marie Claire; p. 65: I. Hatz/Zefa; p. 67: S. Lancrenon/Marie Claire; p. 70: S. Simpson/Getty Images; pp. 72-73: Star/Zefa; p. 75: J. Le Fortune/Zefa; p. 77: J. Ieki/Photonica; p. 82: Neo Vision/Photonica; pp. 86-87: P. Curto/Getty Images; p. 89: Neo Vision/Photonica; p. 90: J. Darell/Getty Images; pp. 92-93: Anthony-Masterson/Getty Images; p. 95: E. Buis/Zefa; pp. 96-97: P. La Mastro/Getty Images; p. 98: M. Montezin/Marie Claire; pp. 102-103: M. Rutz/Getty Images; pp. 104-105: L. Beisch/Photonica; p. 109: B. Shearer/Option Photo; pp. 114-115: P. Baumann/Marie Claire; p. 116: Miles/Zefa; p. 121: D. O'Clair/Zefa.

Ilustraciones: Anne Cinquanta páginas 22, 32-33, 40, 60-61, 78-79, 100-101, 110-111 y 118-119.

EDICIÓN ORIGINAL
Dirección de la colección: Marie Borrel
Responsables editoriales: Caroline Rolland y Delphine Kopff
Coordinación: Delphine Kopff y Anne Vallet
Dirección artística y realización: G & C MOI
Iconografía: Alexandra Bentz y Guylaine Moi

VERSIÓN PARA AMÉRICA LATINA
Dirección editorial: Amalia Estrada
Supervisión editorial: Sara Giambruno
Cotejo: Yekaterina M. García
Asistencia editorial: Lourdes Corona
Coordinación de portadas: Mónica Godínez
Asistencia administrativa: Guadalupe Gil

© 2003, Hachette Livre (Hachette Pratique)
Título original: *Cellulite*
"D. R." © MMVI por E.L., S.A. de C.V.
          Londres 247, México, 06600, D.F.
ISBN: 2-012-36775-5 (Hachette Livre)
ISBN: 970-22-1389-4 (E. L., S. A. de C.V.)
        978-970-22-1389-5

SEGUNDA REIMPRESIÓN DE LA PRIMERA EDICIÓN – II/07

Si desea más información sobre plantas medicinales, puede acudir a:
Red Mexicana de Plantas Medicinales y Aromáticas S.C., Hierbas Orgánicas de México S.A.
Herboristería Internacional La Naturaleza, Leonarda Gómez Blanco 59, Lote 6 manzana 2, Fracc. Villa Ribereña, Acxotla del Río Totolac, Tlaxcala. C.P. 90160
Tels. (241) 41 85 100, (246) 46 290 73, (222) 232 73 60
www.redmexicana.cjb.net
www.herbolariamexicana.org
Jardín Botánico Universitario de Plantas Medicinales
Secretaría de Investigación Científica, Universidad Autónoma de Tlaxcala, Av. Universidad No. 1, C.P. 90070 Tlaxcala, Tlaxcala
Tel. (246) 46 223 13 hierbas@prodigy.net.mx